Udo Kliebisch

Kooperation und Werthaltungen

Interaktionsspiele und Infos
für Jugendliche

Verlag an der Ruhr

Titel: **Kooperation und Werthaltungen**
Interaktionsspiele und Infos für Jugendliche
Ein Trainingsbuch für Schule, Jugendarbeit
und Erwachsenenbildung

Autor: Udo Kliebisch

Redaktion: Gregor Rauh

Satz & Layout: Monika Helwig
Ulrike Stöppelkamp

Druck: Druckerei Uwe Nolte, Iserlohn

Verlag: Verlag an der Ruhr
Postfach 10 22 51
45422 Mülheim an der Ruhr
Tel.: 0208/49 50 40
Fax: 0208/495 0 495

ISBN **3-86072-211-5**

Gedruckt auf chlorfrei gebleichtem Papier.

Inhalt

Zum Umgang mit diesem Buch

"Man spielt gern oder überhaupt nicht. Es ist unmöglich, jemanden zum Spielen zu zwingen. Wenn er sich nicht aus eigenem Impuls beteiligt, wird er zum Spielverderber. Normalerweise übt aber ein Spiel einen Reiz aus. Man will gerne mitspielen. (...) Man verläßt für die Dauer des Spiels die reale Welt mit ihren Gegebenheiten und baut sich eine andere Welt auf, die zwar auch Elemente der Realität enthält, sich aber durch mindestens ein Fantasieelement von der Wirklichkeit unterscheidet."

Frör 1978, 9

Zum Umgang mit diesem Buch

In diesem Buch finden Sie 22 Interaktionsspiele. Dabei handelt es sich nicht um eine neue Art von Gesellschaftsspielen. Interaktionsspiele ermöglichen den Beteiligten, intensive Erfahrungen zu machen, mit denen sowohl die Eigenwahrnehmung als auch das Zusammenleben mit anderen bewußter registriert wird. Interaktionsspiele sind daher besonders effektiv, wenn sie in Gruppen gespielt und gemeinsam besprochen werden. Sie verlangen allerdings vom Gruppenleiter ein hohes Maß an Sensibilität. Interaktionsspiele sind vom Ansatz her nicht an ein bestimmtes Spiel-Alter gebunden. Dennoch ist es nicht sinnvoll, jedes Spiel jeder Altersstufe anzubieten. Prinzipiell können die Interaktionsspiele von der Sekundarstufe I bis zur Erwachsenenbildung erfolgreich eingesetzt werden.

Die Interaktionsspiele sind drei thematischen Feldern zugeordnet:

- Selbst-Erfahrung,
- Kooperation,
- Werthaltungen.

Diese Themenbereiche ergänzen sich wechselseitig, was in den Einführungsabschnitten der entsprechenden Kapitel noch näher ausgeführt wird. Von daher lassen sich die einzelnen Übungen - etwa im Rahmen von Projekten oder Tagungen - auch beliebig kombinieren und damit in ihren spezifischen Wirkabsichten ergänzen und verstärken.

Weiterhin folgen unsere Interaktionsspiele ganzheitlichen Gesichtspunkten: Die Wirkung der Spiele zielt niemals allein auf die intellektuelle oder die emotionale Seite im Menschen. Vielmehr werden die Spielteilnehmer grundsätzlich als ganze Menschen, als psycho-physische Einheit aus Denken, Fühlen und Empfinden angesprochen. Ein solches Vorgehen setzt allerdings mitunter eine nicht unbeachtliche einführende Vorarbeit durch Sie, gerade auf emotionalem Gebiet, voraus.

Die Darstellung der Interaktionsspiele erfolgt nach einem immer wiederkehrenden 9-schrittigen Raster, das wir hier in allgemeiner Form vorstellen wollen:

1. Am Anfang formulieren wir knapp das Ziel der nachfolgend genauer beschriebenen Übung. Hier ist für Sie eine erste Orientierung gegeben, inwieweit sich das Spiel für Ihre individuellen, erzieherischen Bemühungen in einer konkreten Gruppe überhaupt eignet.

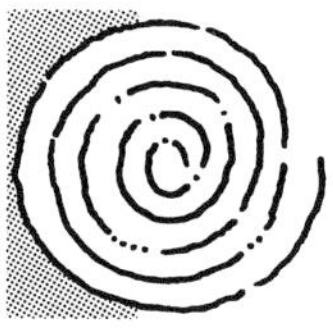

2. Unter diesem Punkt machen wir Angaben darüber, wie alt die Teilnehmer mindestens sein sollten, um mit Gewinn an dem jeweiligen Spiel teilnehmen zu können. Diese Altersangaben sind nicht in jedem Falle verbindlich. Sie stellen aber nach unseren Erfahrungen schon eine Grenze dar, die Sie um der Effektivität der Spiele willen nach Möglichkeit nicht unterschreiten sollten.

3. An dieser Stelle erfahren Sie etwas über die Gruppengröße, die sich für das Spiel als (noch) vertretbar herausgestellt hat. Auch diese Angaben sind nur Anhaltspunkte für Sie. Es ist klar, daß kleinere Gruppen in aller Regel effektiver zusammenarbeiten können als größere.

4. Die Informationen über die Zeit, die Sie für die Durchführung des Spiels benötigen, sind zweigeteilt: (a) Zum einen sagen wir Ihnen, wieviel reine Spielzeit Sie veranschlagen müssen, (b) zum anderen machen wir Angaben über die Zeit, die für die Auswertung der jeweiligen Übung benötigt wird. Die Zeitangaben sind allerdings nur unter zwei Bedingungen als realistisch anzusehen: Die Gruppengröße (s. 3) muß eingehalten werden, und die Auswertung darf über die Behandlung der dort angebotenen Fragen nicht hinausgehen (s. 6a). Entscheiden Sie sich für ein vertiefendes Auswertungsgespräch (s. 8b), muß die Spielzeit entsprechend höher angesetzt werden.

Zum Umgang mit diesem Buch

5. Hier geben wir Ihnen ausführliche Erläuterungen zur

Durchführung der Übung. Je nach Art und Komplexität des Spiels sind diese Bemerkungen unterschiedlich lang gehalten. In jedem Fall wird die neutrale Sprechweise von Spielanweisungen beibehalten. Soweit erforderlich, werden an dieser Stelle bereits Hinweise auf den jeweiligen Materialteil der Übung gegeben (s. 9).

6. Die Überlegungen zur Auswertung des jeweiligen Spiels erfolgen wiederum unter zwei Aspekten:

(a)  Sie erhalten zunächst eine Auswahl von Fragestellungen, mit denen die Übung aufgearbeitet werden kann.

(b) Darüberhinaus machen wir Ihnen Vorschläge für die methodische Gestaltung der Auswertungsphase.

Insbesondere der vorgeschlagene Fragenkatalog will einen ganzheitlichen Zugang zu den Experimenten vermitteln und sollte daher nach Möglichkeit nicht wesentlich beschnitten werden. Grundlegende Transferfragen, allgemeine Fragen nach Schwierigkeiten und elementare Fragen zur Befindlichkeit der Teilnehmer sind natürlich nicht bei allen 20 Spielen immer wieder mit aufgeführt, da sie meist selbstverständlicher Bestandteil der Auswertung sind. Dazu gehören u.a. folgende Fragen:

- Wie hat mir das Spiel gefallen ?, Wie habe ich mich während des Spiels gefühlt?, Wie fühle ich mich jetzt?, Welche Schwierigkeiten sind mir besonders aufgefallen und wie bin ich bzw. wie ist die Gruppe damit umgegangen?, Welche Schlüsse kann ich daraus ziehen?, Gibt es eine Spielerfahrung , die ich fruchtbar in mein Alltagsleben übertragen kann?.

7. An dieser Stelle bekommen Sie zusätzliche Hinweise, die für die Durchführung der Übung von Interesse sind oder sein können.

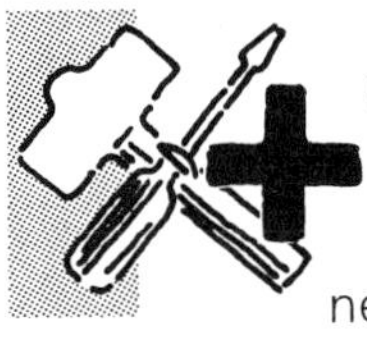

Hier werden sowohl Bemerkungen über Raumgröße und -ausstattung als auch darüber gemacht, wie die entsprechenden Übungen funktionell in anderen Kontexten eingesetzt werden können. Ebenso werden hier Besonderheiten genannt, wie sie etwa bei der Durchführung des Experiments mit besonders jungen oder mit älteren Teilnehmern zu beachten sind.

8. Dieser Punkt enthält zum einen (a) Literaturangaben zur vertiefenden Beschäftigung mit in dem jeweiligen Spiel berührten Aspekten und bietet zudem (b)

Informationen zu den psychologischen und gruppendynamischen Hintergründen der jeweiligen Übung.

Die Literaturangaben umfassen einerseits Titel, in denen Sie weitere ähnlich oder auch gleich strukturierte Übungen finden; andererseits werden in vielen Fällen auch solche Bücher genannt, die für ein vertiefendes Auswertungsgespräch von Belang sind.

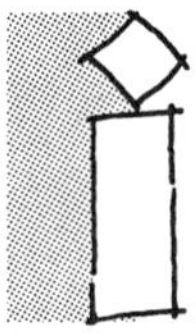

Die an dieser Stelle formulierten Informationen sollen skizzieren, welche weiterführenden (psychologischen und gruppendynamischen) Gedanken hinter dem entsprechenden Spiel stehen. In manchen Gruppen wird es sich lohnen, diese Überlegungen zum Anlaß für ein vertiefendes Auswertungsgespräch zu nehmen. Sie sollten dann aber eine im ganzen verlängerte Spielzeit einplanen.

9. Am Schluß der Übungsbeschreibung finden Sie in der Regel Material, das bei der Durchführung des Spiels eingesetzt werden kann bzw. soll. Hierbei handelt es sich einerseits um Materialien, die für die Spieldurch-

führung und -auswertung obligatorisch sind. Diese Blätter haben wir M1, M2 etc. genannt.

Andererseits sind hier Folienvorlagen für eine vertiefende Auswertung sowie Arbeitsblätter angefügt. Die Arbeitsblätter sind mit  gekennzeichnet. Sie sind so angelegt, daß sie auch unabhängig von den Spielen eingesetzt werden können.

Wenn in Spielbeschreibungen "Spieler" und "Teilnehmer" steht, sind damit natürlich auch Spielerinnen und Teilnehmerinnen gemeint.

"Wenn eine Person offen ist für ihr Fühlen, für ihre bedeutsamen, ihr Selbst betreffenden Wahrnehmungen, Empfindungen und Gedanken und wenn sie sich damit intensiver auseinandersetzt, abwägend, gewichtend, denkend, vergleichend, dann ist sie in hohem Maße seelisch funktionsfähig. (...) Bei dieser offenen Auseinandersetzung läßt eine Person nichts aus, beschönigt nichts, ist echt und aufrichtig mit sich selbst."

Tausch/Tausch 1979, 74f.

1.0 Einführung

In diesem Kapitel bieten wir Ihnen zwei Orientierungstests an, die wir unter das Thema "Selbst-Erfahrung" gestellt haben. Mit diesen Fragebögen-Tests können die Gruppenmitglieder genauer ihre Kooperationsfähigkeit und ihre Grundhaltung zu Werten kennenlernen. Die damit mögliche Selbst-Besinnung ist eine Voraussetzung für eine den Spielen vorgeschaltete problemorientierte Diskussion.

Der erste Fragebogen "Kooperation" hilft den Spielern herauszufinden, wie kooperationsfähig sie tatsächlich sind bzw. wie groß ihre Bereitschaft zur Kooperation mit anderen ist. Der zweite Fragebogen "Werthaltungen" ist in gleicher Weise aufgebaut und läßt vorsichtige Schlüsse darüber zu, welche Normen und Werte der Einzelne in bestimmten Situationen schätzt und welche Faktoren seine Wertvorstellungen beeinflussen.

Sie sollten sich in jedem Fall darüber im klaren sein, daß die in diesem Kapitel angebotenen diagnostischen Übungen keineswegs Tests darstellen, die den Kriterien empirischer Forschung genügen und von daher tiefsinnig-psychologisch zu interpretieren wären. Unabhängig von dieser notwendig zu machenden Einschränkung bieten die Fragebögen jedoch für die Gruppenmitglieder und für Sie einigen Anhalt zur sinnvollen Bewertung von kooperativer Kompetenz und Werthaltungen. Die auf diese Weise gewonnenen Beobachtungswerte sind eine wertvolle Ergänzung für die Arbeit mit den Spielen.

Denn die beiden Fragebögen stehen in direkter Beziehung zu den Spielen der folgenden Kapitel: Will man beispielsweise mit einer Schüler- oder Seminar-Gruppe Übungen zu Werthaltungen und/oder zur Kooperationsthematik durchführen, kann es durchaus lohnend sein, durch Nutzung der einleitenden Tests zunächst festzustellen, ob die Themen Kooperation und Werthaltungen von den Teilnehmern inhaltlich überhaupt als relevant wahrgenommen werden.

Selbstverständlich bietet sich auch der umgekehrte Weg an: Stoßen Sie etwa bei der konkreten Durchführung von Kooperations- und/oder Werte-Spielen auf beachtliche Schwierigkeiten bei den Teilnehmern, können Sie zur weiteren Klärung der Situation die in diesem Kapitel eingebrachten Fragebögen zur Selbst-Erfahrung einsetzen. Grundsätzlich sollten Sie allerdings darauf achten, daß die Anwendung der Fragebögen nicht isoliert vorgenommen wird, sondern immer durch Spiele aus den weiteren Kapiteln dieses Buches organisch ergänzt wird und so für die Gruppenmitglieder eine praktische Auseinandersetzung mit den Ergebnissen der Fragebögen möglich ist.

1.1 Fragebogen: Kooperation

Das Ziel der Fragebogen-Aktion ist es, zunächst die Wahrnehmung für das eigene Kooperationsverhalten zu schärfen und seine Beobachtungen zu artikulieren. Bei der Auswertung können Sie sich auf folgende Aspekte konzentrieren:

- **Erkennen von Defiziten im Blick auf die eigenen kooperativen Fähigkeiten,**
- **Bewußtwerdung der Ursachen für solche Mängel,**
- **Thematisieren der Bedeutung von Kooperationsfähigkeit für den Alltag.**

ab 12 Jahren

bis ca. 20 Personen

a) ca. 40 Minuten für die Übung
b) ca. 40 Minuten für die Auswertung

Jeder Teilnehmer erhält den als Material 1 abgedruckten Fragebogen zum Thema "Kooperation" und bearbeitet ihn für sich allein (ca. 20 Minuten). Danach verteilen Sie den als Material 2 abgedruckten Auswertungsbogen, in den jeder Teilnehmer seine Ergebnisse einträgt.
Die Teilnehmer setzen sich anschließend in Vierergruppen zusammen und besprechen ihre Testantworten und sonstigen Beobachtungen (ca. 20 Minuten).

Grundsätzliches: s. S. 7, Einleitung 6 b.

- Was verstehe ich unter "Kooperation"?
- Habe ich mir schon jemals Gedanken darüber gemacht, wie ich mit anderen Menschen zusammenarbeite bevor ich den Fragebogen bearbeitet habe? Wenn ja, bei welcher Gelegenheit?
- Welche Rolle spielt der Faktor Kooperationsfähigkeit im alltäglichen Leben?
- Was habe ich bei der Bearbeitung des Fragebogens über mein Kooperationsverhalten erfahren?
- Welche Hinweise auf einen möglichen persönlichen Mangel an kooperativem Verhalten habe ich erhalten?
- Welche Ursachen gibt es nach meiner Einschätzung für diesen Mangel an Kooperationsfähigkeit?
- Welche Möglichkeiten der Verbesserung meiner kooperativen Kompetenz kann ich mir vorstellen?

Anstatt den ganzen Fragebogen komplett zu besprechen, können die Teilnehmer zunächst reihum zu den ersten drei Fragen Stellung nehmen. Anschließend findet ein Kreisgespräch statt.
Wenn jeder einzelne Teilnehmer den Fragebogen komplett ausfüllt, ist u.U. eine alle zufriedenstellende Auswertung nicht machbar. Eine lebendige, aber auch weniger gründliche Methode ist die "Frage-Kette": Ein Teilnehmer stellt einem anderen eine beliebige Frage. Die Antwort muß nicht wie "aus-der-Pistole-geschossen" kommen und muß auch nicht so präzise sein wie ein Kreuz auf der Skala. Der Antwortende kann z.B. auf persönliche Erlebnisse eingehen, die ihm im Zusammenhang mit der Frage einfallen. Andere Teilnehmer können sich an der Beantwortung durchaus kontrovers beteiligen. Schließlich stellt der zuerst zum Antworten bestimmte Teilnehmer einem beliebigen Gruppenmitglied die nächste Frage seiner Wahl.

Sie sollten bei der Auswertung unbedingt vermeiden, tiefsinnige, psychologische Interpretationen zu entwickeln. Es reicht vollkommen, wenn sich die Teilnehmer durch die Bearbeitung des Fragebogens ihres eigenen Kooperationsverhaltens bewußt werden, mögliche Defizite auf diesem Gebiet erkennen und nach Ursachen fragen. Wichtig ist es, über geeignete Maßnahmen der Verbesserung der Kooperationsfähigkeit der einzelnen Gruppenmitglieder zu sprechen.
Der Fragebogen "Kooperation" kann sehr gut als diagnostisches Element im Vorfeld der Spiele aus dem Themenblock "Kooperation" eingesetzt werden (s. Kap. 2).

Kliebisch 1995; Schelp u.a. 1990; Watzlawick/Beavin/Jackson 1990; Richardson 1992; Schulz v. Thun 1989a u. b; Gordon 1980, 1981, 1989 u. 1993;

1.1 Fragebogen: Kooperation

Cohn 1991b; Stollberg 1990; Tannen 1992; Bramson 1990; Hajek 1984; Neubauer 1988b; Warns/Müller-Wolf 1977

Eine vertiefende Auswertung des Fragebogens kann auf verschiedene Aspekte eingehen, die im Rahmen kooperativer (Entscheidungs-) Prozesse von Bedeutung sind: So können die Teilnehmer beispielsweise näher mit den acht Persönlichkeitsstilen vertraut gemacht werden, wie sie Schulz v. Thun in seiner differentiellen Psychologie der Kommunikation (1989b) dargestellt hat. Die Kenntnis solcher Persönlichkeitsstrukturen kann wesentlich dazu beitragen, die Fähigkeit zu harmonischer Zusammenarbeit mit anderen Menschen weiterzuentwickeln.
An dieser Stelle bietet es sich an, darauf aufmerksam zu machen, daß eine gelungene Kommunikation als notwendige Bedingung für eine funktionierende Kooperation zwischen Menschen anzusehen ist.
Da Defizite auf dem Gebiet der Kooperationsfähigkeit bei den Betroffenen nicht selten mit einem Gefühl der (kommunikativen) Unterlegenheit und Unsicherheit sowie mit einer Reihe von Streßsymptomen verknüpft sind, kann der Fragebogen zum Anlaß genommen werden, auch diese Themenbereiche ausführlicher anzusprechen.

- M 1 - Fragebogen zur Kooperationsfähigkeit.
- M 2 - Auswertungsbogen. Neben der grundsätzlichen Auswertung sollten Sie besonders auf die Bewertungen achten, die stark von der Grundtendenz des Fragebogens abweichen. Hier könnten Anhaltspunkte für besondere, individuelle Einstellungen zu finden sein.

Zusätzliches Material:

- Folienvorlage "Persönlichkeitsstile": Die dem Fragebogen folgende Folienvorlage kann zur Illustration eines vertiefenden Auswertungsgesprächs genutzt werden. Sie stellt die acht Persönlichkeitsstile nach Schulz von Thun (1989b) und die dazugehörenden psychischen Grundverfassungen dar.

Fragebogen zur Kooperationsfähigkeit

Auf den folgenden Seiten sind 35 Aussagen abgedruckt, mit deren Hilfe Du herausfinden kannst, wie groß Deine Kooperationsfähigkeit in bestimmten Situationen einzuschätzen ist, wann bei Dir im Umgang und in der Zusammenarbeit mit anderen Probleme auftreten, wie und wodurch diese zustande kommen und welche Folgen sie haben.

Die Aussagen kannst Du auf einer Punkteskala von "+ 5" bis "- 5" bewerten. Je mehr der angekreuzte Wert im Plusbereich liegt, desto mehr stimmst Du der vorgegebenen Aussage zu; je mehr der angekreuzte Wert im negativen Bereich der Skala liegt, desto weniger trifft die jeweilige Textaussage auf Dich zu.

1. Wenn ich mich mit anderen Menschen, die ich bisher noch nicht kenne, in einer Arbeitsgruppe befinde, erlebe ich diese Situation in der Regel als recht unangenehm.

stimmt nicht —— stimmt zum Teil —— stimmt genau

-5	-4	-3	-2	-1	0	+1	+2	+3	+4	+5
☐	☐	☐	☐	☐	☐	☐	☐	☐	☐	☐

2. Man hat mir schon oft gesagt, daß ich beim Arbeiten in der Gruppe nicht richtig zuhöre, wenn es darum geht, was im einzelnen zu tun bzw. zu lassen ist. Das führt dann meist dazu, daß durch mich der ganze Ablauf aufgehalten wird.

stimmt nicht —— stimmt zum Teil —— stimmt genau

-5	-4	-3	-2	-1	0	+1	+2	+3	+4	+5
☐	☐	☐	☐	☐	☐	☐	☐	☐	☐	☐

3. In der Schule / am Arbeitsplatz arbeite ich in der Regel viel lieber alleine als zusammen mit anderen. Das gilt auch dann, wenn ich die Kollegen / Schulkameraden recht gut kenne.

stimmt nicht —— stimmt zum Teil —— stimmt genau

-5	-4	-3	-2	-1	0	+1	+2	+3	+4	+5
☐	☐	☐	☐	☐	☐	☐	☐	☐	☐	☐

4. Wenn man mit anderen Menschen zusammenarbeitet, führt das meist zu ziemlichen Auseinandersetzungen in der Sache. Das nervt mich dann immer sehr, und ich würde in solchen Fällen am liebsten aus der Gruppe aussteigen.

stimmt nicht —— stimmt zum Teil —— stimmt genau

-5	-4	-3	-2	-1	0	+1	+2	+3	+4	+5
☐	☐	☐	☐	☐	☐	☐	☐	☐	☐	☐

5. Wenn man in einer Gruppe arbeitet, dauert es im allgemeinen viel länger, das angestrebte Ziel zu erreichen, als wenn man allein arbeitet. Daher ziehe ich es vor, Arbeiten möglichst ohne die Unterstützung anderer zu erledigen.

stimmt nicht —— stimmt zum Teil —— stimmt genau

-5	-4	-3	-2	-1	0	+1	+2	+3	+4	+5
☐	☐	☐	☐	☐	☐	☐	☐	☐	☐	☐

6. Wenn man mit jemand anders zusammenarbeitet, ist es eigentlich nur wichtig, daß man von der Sache genausoviel versteht wie der andere.

stimmt nicht —— stimmt zum Teil —— stimmt genau

-5	-4	-3	-2	-1	0	+1	+2	+3	+4	+5
☐	☐	☐	☐	☐	☐	☐	☐	☐	☐	☐

7. Die zwangsweise Kooperation mit anderen führt in der Regel dazu, daß am Ende einer arbeitet und die übrigen Gruppenmitglieder die Hände in den Schoß legen und sich darüber freuen, jemanden gefunden zu haben, der die Arbeit für sie erledigt.

stimmt nicht —— stimmt zum Teil —— stimmt genau

-5	-4	-3	-2	-1	0	+1	+2	+3	+4	+5
☐	☐	☐	☐	☐	☐	☐	☐	☐	☐	☐

8. Ich habe festgestellt, daß sich im Laufe von Gruppenaktivitäten sehr viele emotionale Probleme ergeben, die einem das Zusammenarbeiten dann meist zur Hölle machen, weil diese Probleme sich einfach nicht lösen lassen.

stimmt nicht —— stimmt zum Teil —— stimmt genau

-5	-4	-3	-2	-1	0	+1	+2	+3	+4	+5
☐	☐	☐	☐	☐	☐	☐	☐	☐	☐	☐

9. Wenn andere Menschen mir gegenüber ihre Gefühle äußern, während wir zusammen an etwas arbeiten, empfinde ich das als ziemlich unangenehm und wünsche mir dann immer, daß das Gespräch bald wieder sachlich wird.

stimmt nicht —— stimmt zum Teil —— stimmt genau

-5	-4	-3	-2	-1	0	+1	+2	+3	+4	+5
☐	☐	☐	☐	☐	☐	☐	☐	☐	☐	☐

10. Ich finde es ausgesprochen nutzlos, wenn am Ende der Zusammenarbeit darüber geredet wird, wie die gemeinsamen Bemühungen erlebt werden. Schließlich merkt doch jeder der Beteiligten schon während des Arbeitsprozesses, wie dieser verläuft.

stimmt nicht —— stimmt zum Teil —— stimmt genau

-5	-4	-3	-2	-1	0	+1	+2	+3	+4	+5
☐	☐	☐	☐	☐	☐	☐	☐	☐	☐	☐

11. Nach meiner Erfahrung spielt in jeder Gruppe immer einer den großen Chef, und der ist dann einfach nicht mehr zu bremsen. Die anderen müssen sich dann zwangsläufig unterordnen. Das paßt mir nicht.

stimmt nicht —— stimmt zum Teil —— stimmt genau

-5	-4	-3	-2	-1	0	+1	+2	+3	+4	+5
☐	☐	☐	☐	☐	☐	☐	☐	☐	☐	☐

12. Wenn in einer Gruppe unterschiedliche Auffassungen in der Sache aufeinanderprallen, gibt es meist keine wirkliche Chance, einen gemeinsamen Nenner zu finden. Die Meinungen bleiben einfach im Raum stehen, und schließlich entscheidet einer über die Köpfe der anderen hinweg, was zu machen ist.

stimmt nicht —— stimmt zum Teil —— stimmt genau

-5	-4	-3	-2	-1	0	+1	+2	+3	+4	+5
☐	☐	☐	☐	☐	☐	☐	☐	☐	☐	☐

13. Für mich ist es besonders unangenehm, daß man in der Gruppenarbeit immer wieder genötigt ist, seine eigenen Überzeugungen gegen andere Auffassungen durchzusetzen. Dieses Problem hat man einfach nicht, wenn man für sich allein arbeitet.

stimmt nicht —— stimmt zum Teil —— stimmt genau

-5	-4	-3	-2	-1	0	+1	+2	+3	+4	+5
☐	☐	☐	☐	☐	☐	☐	☐	☐	☐	☐

14. Ich kann nur mit solchen Menschen zusammenarbeiten, die im Grundsatz die gleichen Auffassungen vom Leben haben wie ich.

stimmt nicht —— stimmt zum Teil —— stimmt genau

-5	-4	-3	-2	-1	0	+1	+2	+3	+4	+5
☐	☐	☐	☐	☐	☐	☐	☐	☐	☐	☐

15. Ich kann nur mit solchen Menschen wirklich gut kooperieren, die genau dieselbe Arbeitsstrategie haben wie ich.

stimmt nicht —— stimmt zum Teil —— stimmt genau

-5	-4	-3	-2	-1	0	+1	+2	+3	+4	+5
☐	☐	☐	☐	☐	☐	☐	☐	☐	☐	☐

16. Die meisten Menschen haben im Grunde nie gelernt, sich wirklich kooperativ zu verhalten. Deshalb ist es fast immer völlig unproduktiv, mit anderen Menschen über längere Zeit zusammenzuarbeiten.

stimmt nicht —— stimmt zum Teil —— stimmt genau

-5	-4	-3	-2	-1	0	+1	+2	+3	+4	+5
☐	☐	☐	☐	☐	☐	☐	☐	☐	☐	☐

17. In Wahrheit ist es doch so, daß jeder darum bemüht ist, in seiner Gruppe das Sagen zu bekommen. Diese ständigen Hierarchiekämpfe stören mich so sehr, daß ich lieber auf Teamarbeit verzichte, wo immer mir das möglich ist.

stimmt nicht —— stimmt zum Teil —— stimmt genau

-5	-4	-3	-2	-1	0	+1	+2	+3	+4	+5
☐	☐	☐	☐	☐	☐	☐	☐	☐	☐	☐

18. Wenn ich zu einem Menschen keine ausgeglichene Beziehung habe, kann ich mich mit ihm in sachlicher Hinsicht nicht gut verständigen. Deshalb lohnt sich Teamarbeit für mich auch nur mit solchen Menschen, mit denen ich mich gut verstehe.

stimmt nicht —— stimmt zum Teil —— stimmt genau

-5	-4	-3	-2	-1	0	+1	+2	+3	+4	+5
☐	☐	☐	☐	☐	☐	☐	☐	☐	☐	☐

19. Für eine funktionierende Teamarbeit ist es überhaupt nicht von Bedeutung, ob die Gruppe ihre Arbeit plant und koordiniert oder nicht. Vernünftige Menschen sind in der Lage, auch so konstruktiv miteinander zu arbeiten.

stimmt nicht —— stimmt zum Teil —— stimmt genau

-5	-4	-3	-2	-1	0	+1	+2	+3	+4	+5
☐	☐	☐	☐	☐	☐	☐	☐	☐	☐	☐

20. Ich halte es für besonders wichtig, daß man im Rahmen von Teamarbeit keine ernsthafte Kritik an anderen Gruppenmitgliedern äußert, damit das Gelingen der gemeinsamen Arbeit nicht gefährdet wird.

stimmt nicht —— stimmt zum Teil —— stimmt genau

-5	-4	-3	-2	-1	0	+1	+2	+3	+4	+5
☐	☐	☐	☐	☐	☐	☐	☐	☐	☐	☐

21. Wenn man schon jemanden im Verlaufe gemeinsamer Arbeit kritisiert, dann sollte das nur auf sachlicher Ebene geschehen. In keinem Fall sollte man dem anderen Gruppenmitglied etwas darüber sagen, wie man die eigene Beziehung zu ihm einschätzt.

stimmt nicht —— stimmt zum Teil —— stimmt genau

-5	-4	-3	-2	-1	0	+1	+2	+3	+4	+5
☐	☐	☐	☐	☐	☐	☐	☐	☐	☐	☐

22. Wenn ich mit anderen Menschen kooperieren will, ändere ich dabei mein alltägliches Verhalten auf keinen Fall. Entweder akzeptieren die anderen mein Verhalten oder sie gehen eben.

stimmt nicht —— stimmt zum Teil —— stimmt genau

-5	-4	-3	-2	-1	0	+1	+2	+3	+4	+5
☐	☐	☐	☐	☐	☐	☐	☐	☐	☐	☐

23. Wenn im Verlaufe von kooperativer Arbeit Probleme auftauchen, muß unbedingt verhindert werden, daß man mit der Thematisierung und Bewältigung dieser Schwierigkeiten zu viel Zeit verliert. Denn das geht immer auf Kosten des angestrebten Arbeitsergebnisses.

stimmt nicht —— stimmt zum Teil —— stimmt genau

-5	-4	-3	-2	-1	0	+1	+2	+3	+4	+5
☐	☐	☐	☐	☐	☐	☐	☐	☐	☐	☐

24. Für das Gelingen von Zusammenarbeit ist es von ausschlaggebender Bedeutung, daß ein Vorgesetzter/Lehrer/Ausbilder die Leitung der gemeinsamen Arbeit übernimmt. In keinem Fall darf einem Gruppenmitglied diese Funktion übertragen werden.

stimmt nicht —— stimmt zum Teil —— stimmt genau

-5	-4	-3	-2	-1	0	+1	+2	+3	+4	+5
☐	☐	☐	☐	☐	☐	☐	☐	☐	☐	☐

25. Im Rahmen von Gruppenaktivitäten wird im allgemeinen viel zu viel Zeit auf die Planung und Organisation der Arbeit verschwendet. Das behindert doch nur den eigentlichen Arbeitsprozeß.

stimmt nicht —— stimmt zum Teil —— stimmt genau

-5	-4	-3	-2	-1	0	+1	+2	+3	+4	+5
☐	☐	☐	☐	☐	☐	☐	☐	☐	☐	☐

26. Wenn ich mit anderen zusammenarbeite, bemerke ich oft, daß ich kein wirkliches Interesse für das gemeinsame Projekt entwickeln kann.

stimmt nicht —— stimmt zum Teil —— stimmt genau

-5	-4	-3	-2	-1	0	+1	+2	+3	+4	+5
☐	☐	☐	☐	☐	☐	☐	☐	☐	☐	☐

27. Wenn mich jemand während eines Gruppenprozesses kritisiert, reagiere ich darauf immer ziemlich sauer und habe dann große Lust, die gemeinsame Arbeit abzubrechen.

stimmt nicht —— stimmt zum Teil —— stimmt genau

-5	-4	-3	-2	-1	0	+1	+2	+3	+4	+5
☐	☐	☐	☐	☐	☐	☐	☐	☐	☐	☐

28. Ich habe oft den Eindruck, daß Menschen nur deshalb Teamarbeit wünschen, um dann mal so richtig auf Kosten anderer faulenzen zu können. Schließlich muß man doch viel mehr arbeiten, wenn man keine Unterstützung durch eine Gruppe hat.

stimmt nicht —— stimmt zum Teil —— stimmt genau

-5	-4	-3	-2	-1	0	+1	+2	+3	+4	+5
☐	☐	☐	☐	☐	☐	☐	☐	☐	☐	☐

1.1 Fragebogen: Kooperation — M1

29. Ich erlebe es immer als eine besondere Art von Langeweile, wenn ich durch bestimmte Umstände gleichsam dazu genötigt werde, mit mir unbekannten Leuten zusammenzuarbeiten.

stimmt nicht —— stimmt zum Teil —— stimmt genau

-5	-4	-3	-2	-1	0	+1	+2	+3	+4	+5
☐	☐	☐	☐	☐	☐	☐	☐	☐	☐	☐

30. Ich finde, bevor man mit anderen zusammenarbeitet, muß man sich sicher sein, daß man sich wirklich voll und ganz auf sie verlassen kann.

stimmt nicht —— stimmt zum Teil —— stimmt genau

-5	-4	-3	-2	-1	0	+1	+2	+3	+4	+5
☐	☐	☐	☐	☐	☐	☐	☐	☐	☐	☐

31. Ich merke bei Teamarbeiten oft, daß ich von der Sache viel weniger verstehe als die übrigen Gruppenmitglieder. Das macht mich meist ziemlich unsicher.

stimmt nicht —— stimmt zum Teil —— stimmt genau

-5	-4	-3	-2	-1	0	+1	+2	+3	+4	+5
☐	☐	☐	☐	☐	☐	☐	☐	☐	☐	☐

32. Wenn ich im Rahmen kooperativer Arbeit in die Lage komme, mir von anderen etwas erklären lassen zu müssen, ist mir das immer sehr peinlich.

stimmt nicht —— stimmt zum Teil —— stimmt genau

-5	-4	-3	-2	-1	0	+1	+2	+3	+4	+5
☐	☐	☐	☐	☐	☐	☐	☐	☐	☐	☐

33. Teamarbeit ist für mich nur dann interessant, wenn ich die Gruppenleitung übernehmen kann. Schließlich kann ich nur auf diese Weise effektiv verhindern, daß von den Beteiligten zuviel Zeit für nutzlose Debatten verschwendet wird.

stimmt nicht —— stimmt zum Teil —— stimmt genau

-5	-4	-3	-2	-1	0	+1	+2	+3	+4	+5
☐	☐	☐	☐	☐	☐	☐	☐	☐	☐	☐

34. Für eine effektive Zusammenarbeit mit anderen Menschen ist es wichtig, daß ich stets einen festen Standpunkt einnehme. Die anderen dürfen auf keinen Fall den Eindruck gewinnen, daß ich in irgendeiner Weise unsicher bin. Schließlich wissen die anderen Gruppenmitglieder nur so, woran sie mit mir sind.

stimmt nicht —— stimmt zum Teil —— stimmt genau

-5	-4	-3	-2	-1	0	+1	+2	+3	+4	+5
☐	☐	☐	☐	☐	☐	☐	☐	☐	☐	☐

35. Wenn ich die Wahl hätte, alleine zu arbeiten oder in einer Gruppe zusammen mit anderen, würde ich immer die Einzelarbeit vorziehen.

stimmt nicht —— stimmt zum Teil —— stimmt genau

-5	-4	-3	-2	-1	0	+1	+2	+3	+4	+5
☐	☐	☐	☐	☐	☐	☐	☐	☐	☐	☐

Auswertungsbogen

Trage jetzt Deine im Fragebogen angekreuzten Punktwerte für jede Frage in das unten stehende Diagramm ein. Verbinde anschließend die einzelnen Punkte durch eine Linie miteinander.

	-5	-4	-3	-2	-1-	0	+1	+2	+3	+4	+5
1											
2											
3											
4											
5											
6											
7											
8											
9											
10											
11											
12											
13											
14											
15											
16											
17											
18											
19											
20											
21											
22											
23											
24											
25											
26											
27											
28											
29											
30											
31											
32											
33											
34											
35											

Je weiter Deine "Kooperationslinie" im rechten, positiven Bereich des Diagramms verläuft, desto geringer ist Deine Kooperationsbereitschaft.
Wenn Du in Zukunft stärker und besser mit anderen Menschen kooperieren willst, solltest Du Deine Einstellung überdenken.

Je weiter links Deine Linie verläuft, um so mehr kooperative Kompetenz besitzt Du.

Persönlichkeitsstile

Der bedürftig-abhängige Stil

"Ich bin schwach und hilflos - allein bin ich dem Leben nicht gewachsen!"

Der helfende Stil

"Für mich ist es eine Katastrophe, schwach (ratlos, traurig, verzweifelt) und bedürftig zu sein!" Aber es hilft mir, wenn ich anderen helfe, die auch schwach, vielleicht schwächer als ich sind.

Der selbst-lose Stil

"Ich selbst bin unwichtig - nur im Einsatz für dich und für andere kann ich zu etwas nütze sein!"

Der aggressiv-entwertende Stil

"Ich bin nicht in Ordnung, mache erbärmlich alles falsch. Wehe, jemand merkt es! Dann werde ich untergebuttert und gnadenlos verachtet!"

Der sich beweisende Stil

"Ich selbst bin nicht (liebens)wert - nur in dem Maße, wie ich "gut" bin, verdiene ich Liebe und Anerkennung."

Der bestimmende-kontrollierende Stil

"Ich bin voller chaotischer, sündhafter, unvernünftiger Impulse - nur wenn ich mich an strenge Regeln halte, kann ich mich in der Gewalt haben und ein anständiger Mensch bleiben."

Der sich distanzierende Stil

"Wenn ich mich öffne und jemand ganz an mich heranlasse, begebe ich mich in große Gefahr: Ich könnte in eine solche Abhängigkeit geraten, daß ich jeder Verletzung preisgegeben bin und mich selbst in der Gefangenschaft der Verschmelzung verliere."

Der mitteilungsfreudig-dramatisierende Stil

"Ich bin unwichtig. Wie mir wirklich zumute ist, interessiert niemanden. Nur wenn ich mich geschickt oder mit starken Mitteln in den Vordergrund spiele, werde ich beachtet."

1.2 Fragebogen: Werthaltungen

Der zweite Fragebogen "Werthaltungen" soll helfen, eigene Werthaltungen zu erkennen und diese zu artikulieren. Dabei werden besonders folgende Aspekte berührt:

- **Bewußtmachen von Defiziten im Blick auf eigene Wertvorstellungen,**
- **Wahrnehmen von Konflikten zwischen eigener Wertvorstellung und sozialer Erwartung,**
- **Thematisieren der Bedeutung von Werten und Normen für den gesellschaftlichen Alltag.**

ab 12 Jahren

bis ca. 20 Personen

a) ca. 40 Minuten für die Übung
b) ca. 40 Minuten für die Auswertung

Jeder Teilnehmer erhält den als Material 1 abgedruckten Fragebogen zum Thema "Werthaltungen" und bearbeitet ihn für sich allein (ca. 20 Minuten).
Danach verteilen Sie den als Material 2 abgedruckten Auswertungsbogen, in den jeder Teilnehmer seine Ergebnisse einträgt.
Die Teilnehmer setzen sich anschließend in Vierergruppen zusammen und besprechen ihre Antworten und sonstigen Beobachtungen (ca. 20 Minuten).

Grundsätzliches: s. S. 7, Einleitung 6b.

- Was habe ich bei der Bearbeitung des Fragebogens über meine Werthaltungen erfahren?
- Welche Rolle spielen Werte und Normen im alltäglichen Leben?
- Welche Bedeutung haben Wertvorstellungen für mein Leben?
- Welche Hinweise auf einen möglichen persönlichen Mangel an Wertvorstellungen habe ich erhalten?
- Wie macht sich ein solcher Mangel an Werten bei mir konkret bemerkbar?
- Welche Ursachen gibt es für diesen Mangel an Werten?
- Wo geraten meine persönlichen Wertvorstellungen mit allgemeinen Erwartungen der Gesellschaft in Konflikt?
- Welche Möglichkeiten einer Harmonisierung meiner eigenen Werte und Normen mit denen der Gesellschaft sehe ich im Konfliktfall?

Die Teilnehmer können zunächst reihum zu den ersten drei Fragen Stellung nehmen (bei Frage 3 anhand der gefertigten Auswertungsbögen), anschließend findet ein Kreisgespräch statt.
Auch hier kann der Fragebogen als Frage-Kette (s. S. 11) bearbeitet werden.

Sie sollten unbedingt vermeiden, bei der Auswertung tiefsinnige, psychologische Interpretationen zu entwickeln. Es reicht vollkommen, wenn sich die Teilnehmer durch die Bearbeitung des Fragebogens ihrer eigenen und fremder Wert- und Normvorstellung bewußt werden, diese mit den allgemein gültigen gesellschaftlichen Erwartungen vergleichen und bei möglichen Konflikten nach den Chancen einer Harmonisierung ihrer persönlichen Werthaltungen mit denen der Gesellschaft fragen.
In diesem Zusammenhang kann es auch interessant sein, die Erfahrungen der Teilnehmer mit solchen Wertekollisionen genauer zu thematisieren.
Der Fragebogen "Werthaltungen" kann sehr gut als diagnostisches Element im Vorfeld der Spiele aus dem gleichnamigen Themenblock eingesetzt werden (s. Kap. 3).

Kliebisch 1995; Schelp u.a. 1990; Watzlawick/Beavin/Jackson 1990; Richardson 1992; Schulz v. Thun 1989a u. b; Oelmüller 1978; Freud 1980; Gerhardt 1992; Oelmüller/Dölle/Piepmeier 1980; Birnbacher/Hoerster 1980; Bubolz 1991

1.2 Fragebogen: Werthaltungen

Eine vertiefende Auswertung des Fragebogens kann auf verschiedene Aspekte eingehen, die im Rahmen einer Debatte zum Thema "Werthaltungen" von Bedeutung sind: In diesem Kontext können die Teilnehmer beispielsweise näher mit Sigmund Freuds Konzeption der menschlichen Psyche bekannt gemacht werden, mit dessen Hilfe die Entstehung von Moralvorstellungen recht plausibel hergeleitet werden kann (s. Folienvorlage). Die Kenntnis des psychoanalytischen Erklärungsansatzes zum Zustandekommen von Moralvorstellungen schließlich verhilft zu einer distanzierten Beurteilung von einzelnen Normen und Werten. Ihre individuelle Verbindlichkeit wird mit dieser 'Distanziertheit' nicht aufgehoben, aber die Behauptung universeller Gültigkeit von Normen und Werten wird sehr fragwürdig. Wichtig ist die kritische Erkenntnis ihrer Abhängigkeit von größeren sozio-kulturellen Zusammenhängen (Gesellschaft, Religion etc.). Ebenso interessant kann es in diesem Kontext sein, über die Konflikte zu sprechen, die sich aus der Inkongruenz zwischen eigenen Wertvorstellungen und denen der Allgemeinheit oder einer Gruppe ergeben. Hierbei kann es sich lohnen, darauf aufmerksam zu machen, daß solche Auseinandersetzungen oft auf folgendem "Mechanismus" beruhen:

Jede Konfliktpartei zieht sich argumentativ auf aus ihrer Sicht objektive und damit allgemeingültige Normen und Wertvorstellungen zurück (s. Arbeitsblatt "Wie würdest Du entscheiden?", 3.2). Dabei übersehen beide Parteien, daß die Objektivität von Normen eine Fiktion ist. Eine Fiktion allerdings, die für die Durchsetzung bestimmter Interessen instrumentalisierbar ist.

- M 1 - Fragebogen zu Werthaltungen.
- M 2 - Auswertungsbogen. Neben der grundsätzlichen Auswertung sollten Sie besonders auf die Bewertungen achten, die deutlich von der Gesamttendenz abweichen. Hier können Sie erste Anhaltspunkte für besondere, individuelle Einstellungen finden.

Zusätzliches Material:

- Folienvorlage "Sigmund Freuds Struktur der Psyche": Die Illustration der psychoanalytischen Erklärung zum Zustandekommen von Normen und Werten kann als Grundlage eines in den Themenkomplex einführenden Auswertungsgesprächs im Anschluß an die Fragebogen-Übung benutzt werden. Die Illustration bedarf aber ausgiebiger Unterstützung und u.U. Erläuterung von Ihrer Seite.

Fragebogen zu Werthaltungen

Auf den folgenden Seiten sind 35 Aussagen abgedruckt, mit deren Hilfe Du herausfinden kannst, wie Deine persönliche Einstellung zu Normen und Werten in bestimmten Situationen ausgeprägt ist und wie Du mit Deinen eigenen und fremden Wertvorstellungen umgehst. Außerdem wirst Du mehr darüber erfahren, wie Du Dich verhältst und welche Konsequenzen es für Dich hat, wenn Deine individuellen Werte und Normen nicht mit denen übereinstimmen, die im allgemeinen oder aber in der von Dir bevorzugten Gruppe gelten.

Jede Aussage kann auf einer Punkteskala von "+ 5" bis "- 5" bewertet werden. Je mehr der angekreuzte Wert im Plusbereich liegt, desto mehr stimmst Du der vorgegebenen Aussage zu; je mehr der angekreuzte Wert im negativen Bereich der Skala liegt, desto weniger trifft die jeweilige Textaussage auf Dich zu.

1. Wenn ich mit anderen Menschen zusammentreffe, stelle ich meistens fest, daß ich andere Wertvorstellungen habe als sie. Das nervt mich dann immer ziemlich stark und führt oft zu unangenehmen Auseinandersetzungen.

stimmt nicht —— stimmt zum Teil —— stimmt genau

-5	-4	-3	-2	-1	0	+1	+2	+3	+4	+5
☐	☐	☐	☐	☐	☐	☐	☐	☐	☐	☐

2. Es ist nicht so wichtig, warum man etwas tut und etwas anderes nach Möglichkeit vermeidet. Wichtig ist nur, daß man etwas tut und anderes vermeidet.

stimmt nicht —— stimmt zum Teil —— stimmt genau

-5	-4	-3	-2	-1	0	+1	+2	+3	+4	+5
☐	☐	☐	☐	☐	☐	☐	☐	☐	☐	☐

3. Ich habe in der Regel andere Wertvorstellungen als meine Mitmenschen. Deshalb lasse ich mich auf ernsthafte Diskussionen gar nicht erst ein, außer mit ganz wenigen guten Freunden. Sonst hätte ich immer Streß, der nichts bringt.

stimmt nicht —— stimmt zum Teil —— stimmt genau

-5	-4	-3	-2	-1	0	+1	+2	+3	+4	+5
☐	☐	☐	☐	☐	☐	☐	☐	☐	☐	☐

4. Die meisten Menschen, die ich kenne, sind in ihren Wertvorstellungen leider unbelehrbar. Man kann mit ihnen einfach nicht darüber sprechen, ohne daß daraus Auseinandersetzungen und Streitereien entstehen, die am Ende doch zu nichts führen.

stimmt nicht —— stimmt zum Teil —— stimmt genau

-5	-4	-3	-2	-1	0	+1	+2	+3	+4	+5
☐	☐	☐	☐	☐	☐	☐	☐	☐	☐	☐

1.2 Fragebogen: Werthaltungen — M1

5. Da ich mit meinen Wertvorstellungen oft ziemlich allein dastehe, fühle ich mich in vielen Situationen recht einsam. Kaum jemand will mit mir etwas zu tun haben. Das hat dazu geführt, daß ich mich auch von anderen Menschen immer mehr zurückziehe.

stimmt nicht —— stimmt zum Teil —— stimmt genau

-5	-4	-3	-2	-1	0	+1	+2	+3	+4	+5
☐	☐	☐	☐	☐	☐	☐	☐	☐	☐	☐

6. Normen kommen von oben und dienen nur dazu, die Menschen zu reglementieren und kontrollierbar zu machen. Ich finde, Normen begrenzen nur meine Freiheit.

stimmt nicht —— stimmt zum Teil —— stimmt genau

-5	-4	-3	-2	-1	0	+1	+2	+3	+4	+5
☐	☐	☐	☐	☐	☐	☐	☐	☐	☐	☐

7. Wenn ich Menschen treffe, die eine von Werten abhängige Entscheidung anders beurteilen als ich, setze ich mich nicht weiter mit ihnen über diese Frage auseinander. Schließlich soll man ja tolerant sein.

stimmt nicht —— stimmt zum Teil —— stimmt genau

-5	-4	-3	-2	-1	0	+1	+2	+3	+4	+5
☐	☐	☐	☐	☐	☐	☐	☐	☐	☐	☐

8. Ich habe festgestellt, daß die meisten Auseinandersetzungen, die Menschen untereinander austragen, ihre Ursache in unterschiedlichen Werthaltungen haben. Um mehr Frieden auf der Welt zu erreichen, ist es daher nötig, daß alle Menschen die gleichen Werte und Normen haben oder aber sich um die Wertvorstellungen ihrer Mitmenschen nicht weiter kümmern.

stimmt nicht —— stimmt zum Teil —— stimmt genau

-5	-4	-3	-2	-1	0	+1	+2	+3	+4	+5
☐	☐	☐	☐	☐	☐	☐	☐	☐	☐	☐

9. Wenn mir gegenüber jemand Meinungen äußert, die meinen persönlichen Wertvorstellungen nicht entsprechen, reagiere ich darauf ziemlich wütend und zornig. Das tut mir hinterher dann allerdings oft leid.

stimmt nicht —— stimmt zum Teil —— stimmt genau

-5	-4	-3	-2	-1	0	+1	+2	+3	+4	+5
☐	☐	☐	☐	☐	☐	☐	☐	☐	☐	☐

10. Ich finde es ziemlich nutzlos, daß sich Menschen überhaupt so viele Gedanken darüber machen, welchen Wertvorstellungen sie im einzelnen folgen wollen. Schließlich hat doch am Ende sowieso jeder seine eigenen Normen, und das ist doch auch gut so.

stimmt nicht —— stimmt zum Teil —— stimmt genau

-5	-4	-3	-2	-1	0	+1	+2	+3	+4	+5
☐	☐	☐	☐	☐	☐	☐	☐	☐	☐	☐

11. Nach meiner Meinung gibt es in unserer Gesellschaft doch immer noch einige Gruppen, die letztlich bestimmen, welche Normen und Werte Gültigkeit haben sollen. Da kann man doch als einzelner Bürger ohnehin nicht mitreden.

stimmt nicht —— stimmt zum Teil —— stimmt genau

-5	-4	-3	-2	-1	0	+1	+2	+3	+4	+5
☐	☐	☐	☐	☐	☐	☐	☐	☐	☐	☐

12. Wenn ich im Verlaufe eines Konflikts mit jemandem nicht erreichen kann, daß er meine Wertvorstellung übernimmt, breche ich den Kontakt zu diesem Menschen danach meistens recht bald ab.

stimmt nicht —— stimmt zum Teil —— stimmt genau

-5	-4	-3	-2	-1	0	+1	+2	+3	+4	+5
☐	☐	☐	☐	☐	☐	☐	☐	☐	☐	☐

13. Ich bin der festen Überzeugung, daß ein Mensch nur dann wirklich mit einem anderen Menschen harmonieren kann, wenn die Wertvorstellungen der beiden Personen fast völlig übereinstimmen. Andernfalls wird es über kurz oder lang zum Bruch der Beziehung kommen.

stimmt nicht — stimmt zum Teil — stimmt genau

-5	-4	-3	-2	-1	0	+1	+2	+3	+4	+5
☐	☐	☐	☐	☐	☐	☐	☐	☐	☐	☐

14. Jeder Mensch sollte vor den anderen stets den guten Schein wahren. Schließlich geht es niemanden etwas an, wie ich wirklich bin und was ich tatsächlich denke und fühle. Ich bin ganz sicher, daß die meisten Menschen dies auch so sehen.

stimmt nicht — stimmt zum Teil — stimmt genau

-5	-4	-3	-2	-1	0	+1	+2	+3	+4	+5
☐	☐	☐	☐	☐	☐	☐	☐	☐	☐	☐

15. Es gibt Menschen, die behaupten, man könne sich miteinander über Werte ernsthaft unterhalten und dabei zum Schluß auf eine gemeinsame Leitlinie einigen. Ich halte solche Kompromißlösungen in bezug auf Werte und Normen für ausgeschlossen. Wenn sie tatsächlich zustandekommen, sind sie im Grunde immer nur Scheinlösungen, die niemals lange bestehen bleiben.

stimmt nicht — stimmt zum Teil — stimmt genau

-5	-4	-3	-2	-1	0	+1	+2	+3	+4	+5
☐	☐	☐	☐	☐	☐	☐	☐	☐	☐	☐

16. Ich halte es für ganz wichtig, daß Menschen nach bestimmten Prinzipien leben. Deshalb finde ich es nicht gut, wenn manche Leute ihre Wertvorstellungen immer mal wieder ändern. Werte und Normen haben schließlich eine bleibende Gültigkeit, und man sollte sie sein Leben lang behalten.

stimmt nicht — stimmt zum Teil — stimmt genau

-5	-4	-3	-2	-1	0	+1	+2	+3	+4	+5
☐	☐	☐	☐	☐	☐	☐	☐	☐	☐	☐

17. In Wahrheit ist es doch so, daß viele Menschen mit Hilfe von Werten und Normen, die sie konsequent vertreten, versuchen, über andere Macht zu erlangen. Schließlich kann man mit Wertvorstellungen alle, die diese nicht teilen, problemlos unter Druck setzen, indem man ihnen Schuldgefühle einredet. Eine andere Aufgabe haben Wertvorstellungen doch nicht.

stimmt nicht — stimmt zum Teil — stimmt genau

-5	-4	-3	-2	-1	0	+1	+2	+3	+4	+5
☐	☐	☐	☐	☐	☐	☐	☐	☐	☐	☐

18. Wenn ich mich mit einem anderen Menschen verstehen möchte, reicht es vollkommen aus, wenn ich mich mit ihm über Sachfragen verständigen kann. Eine Erörterung von Wert- und Normvorstellungen ist in diesem Zusammenhang völlig überflüssig, ja schadet meist mehr, als sie nützt.

stimmt nicht — stimmt zum Teil — stimmt genau

-5	-4	-3	-2	-1	0	+1	+2	+3	+4	+5
☐	☐	☐	☐	☐	☐	☐	☐	☐	☐	☐

19. Wenn ich mir manchmal überlege, was ich doch alles tun könnte, gäbe es da nicht diese oft dummen Moralvorstellungen und Anstandsregeln, dann macht mich diese Vorstellung schon ziemlich wütend. Irgendwie habe ich den Eindruck, Werte haben nur den einen Zweck, Menschen einzuschränken und zu drangsalieren.

stimmt nicht — stimmt zum Teil — stimmt genau

-5	-4	-3	-2	-1	0	+1	+2	+3	+4	+5
☐	☐	☐	☐	☐	☐	☐	☐	☐	☐	☐

1.2 Fragebogen: Werthaltungen — M1

20. Die beste Gesellschaft, die ich mir vorstellen kann, kommt völlig ohne jede Wert- und Normenregelung aus. Ich bin der festen Überzeugung, daß das möglich ist, wenn nur alle Menschen einer solchen Gesellschaft dies wollten und man die Menschen einmal wirklich danach fragen würde. Schließlich ist doch der Mensch von Natur aus gut.

stimmt nicht —— stimmt zum Teil —— stimmt genau

-5	-4	-3	-2	-1	0	+1	+2	+3	+4	+5
☐	☐	☐	☐	☐	☐	☐	☐	☐	☐	☐

21. Alte Menschen haben nach meiner Erfahrung in der Regel völlig überholte Wertvorstellungen. Leider kann man aber alte Menschen in dieser Hinsicht auch nicht mehr ändern. Von daher ist es besser, darauf zu verzichten, mit ihnen über Werte und Normen zu reden. Das Gespräch würde bei alten Menschen nur Unverständnis hervorrufen.

stimmt nicht —— stimmt zum Teil —— stimmt genau

-5	-4	-3	-2	-1	0	+1	+2	+3	+4	+5
☐	☐	☐	☐	☐	☐	☐	☐	☐	☐	☐

22. Wenn ich bei meinen Eltern / Vorgesetzten Werthaltungen feststelle, die ich nicht teilen kann, bin ich lieber ruhig, als daß ich sie darauf anspreche. Schließlich soll man ja älteren Menschen Respekt entgegenbringen.

stimmt nicht —— stimmt zum Teil —— stimmt genau

-5	-4	-3	-2	-1	0	+1	+2	+3	+4	+5
☐	☐	☐	☐	☐	☐	☐	☐	☐	☐	☐

23. Wenn ich einem Menschen begegne, der in moralisch aus meiner Sicht wichtigen Fragen (wie z.B. der Abtreibung oder der Sterbehilfe) nicht meiner Auffassung ist, lehne ich ihn meist insgesamt ab. In diesen wichtigen Fragen kann man schon von der Einstellung eines Menschen auf seinen ganzen Charakter schließen.

stimmt nicht —— stimmt zum Teil —— stimmt genau

-5	-4	-3	-2	-1	0	+1	+2	+3	+4	+5
☐	☐	☐	☐	☐	☐	☐	☐	☐	☐	☐

24. Es gibt gar keine Werte. Jeder ist ein Egoist und will für sich das Beste. Das ist der einzige Wert, den ich kenne. Ich glaube, das muß auch von Natur aus so sein.

stimmt nicht —— stimmt zum Teil —— stimmt genau

-5	-4	-3	-2	-1	0	+1	+2	+3	+4	+5
☐	☐	☐	☐	☐	☐	☐	☐	☐	☐	☐

25. Ich bin mir nicht klar darüber, welche Wertvorstellungen mir von meinen Eltern vermittelt worden sind. Irgendwie habe ich den Eindruck, die wußten selbst nicht so genau, welche Werte sie mir mitgeben wollten.

stimmt nicht —— stimmt zum Teil —— stimmt genau

-5	-4	-3	-2	-1	0	+1	+2	+3	+4	+5
☐	☐	☐	☐	☐	☐	☐	☐	☐	☐	☐

26. Wenn man mich fragen würde, welche fünf Werte ich für die wichtigsten in meinem Leben halte, könnte ich darauf keine eindeutige Antwort geben.

stimmt nicht —— stimmt zum Teil —— stimmt genau

-5	-4	-3	-2	-1	0	+1	+2	+3	+4	+5
☐	☐	☐	☐	☐	☐	☐	☐	☐	☐	☐

27. Jeder Mensch hat seine eigenen Wertvorstellungen und soll damit möglichst glücklich werden. Man soll nur vermeiden, andere Menschen von den eigenen Werthaltungen überzeugen zu wollen.

stimmt nicht —— stimmt zum Teil —— stimmt genau

-5	-4	-3	-2	-1	0	+1	+2	+3	+4	+5
☐	☐	☐	☐	☐	☐	☐	☐	☐	☐	☐

28. Die Jugend kennt heute doch nur einen Wert: sich selbst. Die Jugendlichen sind nur Egoisten, die immer an sich denken und darum bemüht sind, ihr Leben möglichst lustbetont und sorgenfrei zu gestalten. Früher war das alles anders: Da haben die Menschen einander noch mehr beigestanden.

stimmt nicht —— stimmt zum Teil —— stimmt genau

-5	-4	-3	-2	-1	0	+1	+2	+3	+4	+5
☐	☐	☐	☐	☐	☐	☐	☐	☐	☐	☐

29. Ich verhalte mich anderen Menschen, insbesondere meinen Vorgesetzten / Lehrern gegenüber stets freundlich und zuvorkommend, auch wenn ihr Verhalten meinen Werthaltungen widerspricht. Das hat mir bisher ziemlichen Erfolg eingebracht.

stimmt nicht —— stimmt zum Teil —— stimmt genau

-5	-4	-3	-2	-1	0	+1	+2	+3	+4	+5
☐	☐	☐	☐	☐	☐	☐	☐	☐	☐	☐

30. Ich möchte eigentlich in vielen Situationen anders handeln, als ich es dann tatsächlich tue. Aber die Moralvorstellungen der Gesellschaft hindern mich oft daran, das zu tun, was ich wirklich möchte.

stimmt nicht —— stimmt zum Teil —— stimmt genau

-5	-4	-3	-2	-1	0	+1	+2	+3	+4	+5
☐	☐	☐	☐	☐	☐	☐	☐	☐	☐	☐

31. Die meisten der Werte, die in unserer Gesellschaft von Bedeutung sind, stammen doch ohnehin aus der Religion. Und das ist auch gut so. Wer wirklich moralisch handeln will, sollte in jedem Fall religiös sein.

stimmt nicht —— stimmt zum Teil —— stimmt genau

-5	-4	-3	-2	-1	0	+1	+2	+3	+4	+5
☐	☐	☐	☐	☐	☐	☐	☐	☐	☐	☐

32. Wenn jemand mit unguten Mitteln ein akzeptables Ziel verfolgt, so kann man sein Handeln ohne weiteres auch moralisch rechtfertigen. Schließlich heiligt der Zweck immer die Mittel.

stimmt nicht —— stimmt zum Teil —— stimmt genau

-5	-4	-3	-2	-1	0	+1	+2	+3	+4	+5
☐	☐	☐	☐	☐	☐	☐	☐	☐	☐	☐

33. Wenn man mit Argumenten seine humanen Ziele nicht erreichen kann, sollte man auf jeden Fall versuchen, andere - unter gewissen Umständen auch gewaltsame - Maßnahmen zu ergreifen, um seine Wertvorstellungen doch noch zu verwirklichen.

stimmt nicht —— stimmt zum Teil —— stimmt genau

-5	-4	-3	-2	-1	0	+1	+2	+3	+4	+5
☐	☐	☐	☐	☐	☐	☐	☐	☐	☐	☐

34. Wenn man mich fragen würde, welche zwei Dinge ich in der vergangenen Woche in bezug auf mein Verhalten anderen Menschen gegenüber (moralisch) falsch gemacht habe, würde mir dazu nichts einfallen.

stimmt nicht —— stimmt zum Teil —— stimmt genau

-5	-4	-3	-2	-1	0	+1	+2	+3	+4	+5
☐	☐	☐	☐	☐	☐	☐	☐	☐	☐	☐

35. Wenn ich mit anderen Menschen spreche, habe ich oft den Eindruck, daß die viel glücklicher sind als ich. Irgendwie glaube ich, daß diese Menschen einen Sinn und eine Orientierung in ihrem Leben gefunden haben, die ich immer noch suche.

stimmt nicht —— stimmt zum Teil —— stimmt genau

-5	-4	-3	-2	-1	0	+1	+2	+3	+4	+5
☐	☐	☐	☐	☐	☐	☐	☐	☐	☐	☐

Auswertungsbogen

Trage jetzt Deine im Fragebogen angekreuzten Punktwerte für jede Frage in das unten stehende Diagramm ein. Verbinde anschließend die einzelnen Punkte durch eine Linie miteinander.

	-5	-4	-3	-2	-1-	0	+1	+2	+3	+4	+5
1											
2											
3											
4											
5											
6											
7											
8											
9											
10											
11											
12											
13											
14											
15											
16											
17											
18											
19											
20											
21											
22											
23											
24											
25											
26											
27											
28											
29											
30											
31											
32											
33											
34											
35											

Je mehr sich Deine "Werthaltungslinie" im rechten, positiven Bereich des Diagramms aufhält, desto weniger kennst, akzeptierst und bemerkst Du die Bedeutung von Normen und Werten für Dein Leben. Du solltest Deine Einstellung überdenken.

Je weiter links Deine Linie verläuft, um so mehr bist Du von der Bedeutung vernünftiger Werthaltungen überzeugt und praktizierst sie auch.

Die Struktur der menschlichen Psyche nach Freud

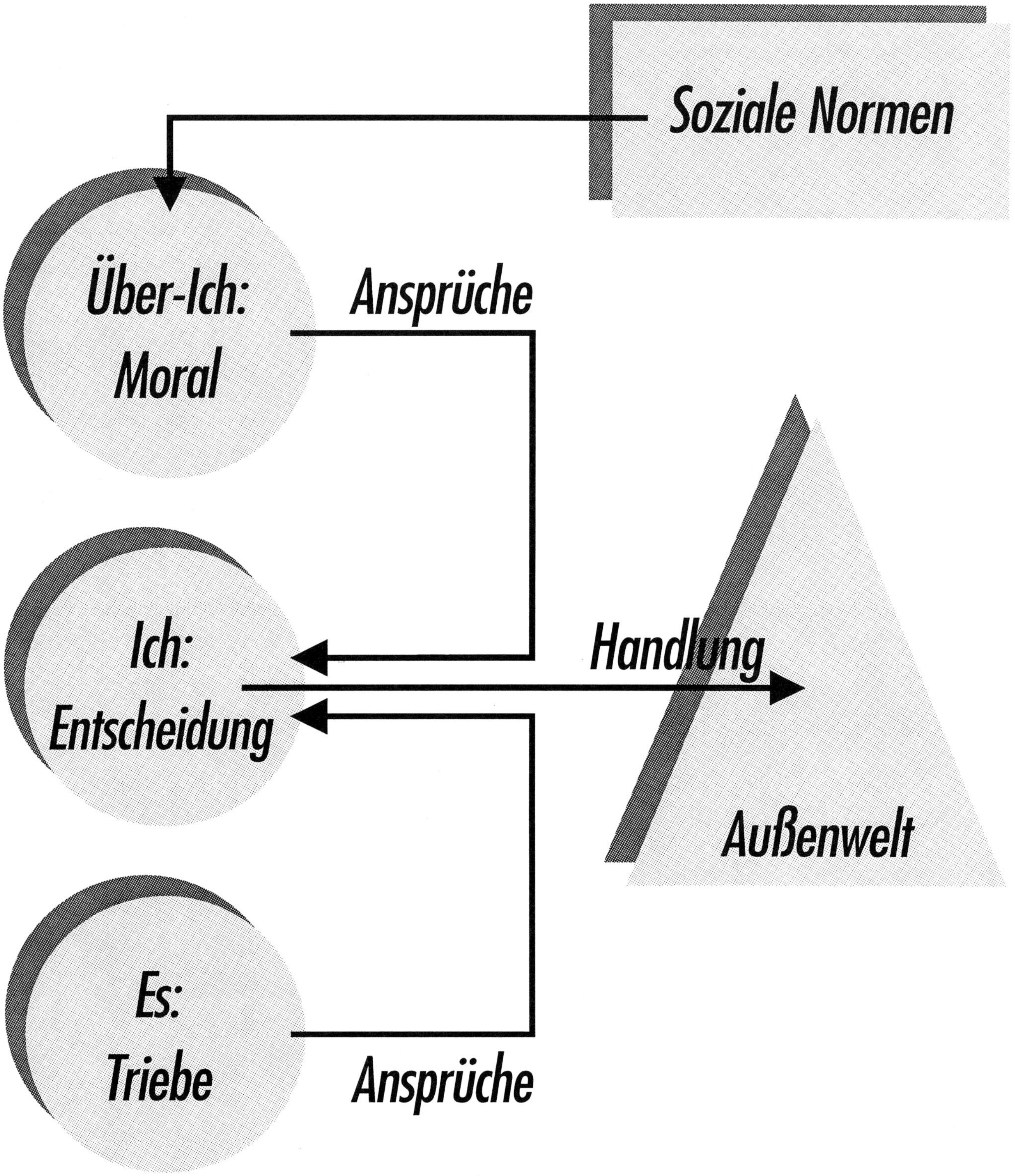

"Eine solche arbeitsteilige Kooperation hat allerdings auch entsprechende Einstellungen zur Voraussetzung, die in der Regel nicht in den bisherigen Formen sekundärer Sozialisation erworben worden sind. Dies bezieht sich insbesondere auf ein auch im Studium vermitteltes Konkurrenzdenken zwischen Akademikern, das Kooperationsprozesse empfindlich stören oder gar nicht erst aufkommen lassen kann."

Haller 1977, 117

2.0 Einführung

Die in diesem Kapitel zusammengestellten Spiele zur Steigerung der Kooperationsfähigkeit lassen sich problemlos selbst mit sehr jungen Gruppenmitgliedern umsetzen. Allerdings sollten Sie den Teilnehmern gegenüber von Anfang an keinen Zweifel daran lassen, daß eine optimale Wirkung eines Kooperationstrainings nicht von heute auf morgen eintritt. Für alle sollte also ganz klar werden: Hier macht in der Regel erst lange Übung den Meister!

Unabhängig davon werden Sie bei behutsamem Vorgehen, gepaart mit konsequentem Einhalten der Spielregeln, durchaus in der Lage sein, bei den meisten Gruppenmitgliedern sozusagen schon beim ersten Anlauf beachtliche Erfolge im Blick auf eine Verbesserung der kooperativen Fähigkeiten zu erzielen. Zumindest werden die Teilnehmer aber für die Notwendigkeit konstruktiver Zusammenarbeit sensibilisiert.

Um stets die ganzheitliche Wirkung der Kooperationsübungen für die Gruppe deutlich zu machen, sollte auf eine Auswertung der Spiele besonderer Wert gelegt und in keinem Falle verzichtet werden. Dabei sollten sowohl intellektuelle als auch emotionale Aspekte der einzelnen Übungen thematisiert werden. Inwieweit Sie bei dieser Gelegenheit auf weiterführende psychologische Aspekte einzelner Übungen eingehen, bleibt davon freilich unberührt und im wesentlichen Ihrem Einfühlungsvermögen vorbehalten.

Wenn Sie bei der Durchführung einzelner Übungen beachtliche Mängel in bezug auf das Kooperationsverhalten einzelner Gruppenmitglieder oder insgesamt nur sehr geringe Übungseffekte feststellen, könnte es sinnvoll sein, auf den Fragebogen "Kooperation" im Kapitel "Selbsterfahrung" zurückzugreifen. Damit lassen sich im diagnostischen Sinne Fragen klären, die möglicherweise im Rahmen von Auswertungsgesprächen nur angedeutet werden oder unter Umständen gar nicht zur Sprache kommen.

2.1 Das heilige Ei

Die Bewältigung einer Geschicklichkeitsaufgabe ist hier der Handlungsrahmen, in dem körperliche und geistige Kooperation erlebt wird. Dabei sollten die Teilnehmer:

- **versuchen, andere zu beobachten und sich in sie hineinzuversetzen,**
- **die Schwierigkeiten kooperativer Problemlösungen erkennen,**
- **Leistungs- und Zeitdruck beim kooperativen Arbeiten erleben,**
- **mögliche Verbesserungen kooperativen Arbeitens diskutieren.**

ab 12 Jahren

bis 20 Personen

a) ca. 30 - 45 Minuten für die Übung
b) ca. 15 - 20 Minuten für die Auswertung

Der Übungsraum wird leergeräumt. Sie bauen anschließend einen Parcours auf, wie er in M 1 abgedruckt ist.
Die Gruppe wird danach in Paare aufgeteilt, die während des Spiels miteinander konkurrieren. Jedes Paar erhält einen stabilen Plakatkarton im Format DIN A 4 und einen Tischtennisball.
Die Paare durchlaufen anschließend nacheinander so schnell wie möglich den Parcours vom Start- zum Zielpunkt. Dabei müssen die Partner gemeinsam den Karton festhalten und auf ihm den Tischtennisball balancieren.
Fällt der Ball während der Übung auf den Boden, muß das Paar wieder von vorn beginnen. Jedes Paar hat höchstens drei Versuche. Einen Tischtennisball zu balancieren ist nicht so spannend, da nichts passiert, wenn er auf den Boden fällt. Das Spiel gewinnt an Reiz, wenn man sich eine kleine Geschichte dazu ausdenkt. Sie können z.B. die Spieler zu Tempeldienern machen, deren Aufgabe es ist, ein geweihtes, kostbares Zeremonien-Ei zum Altar ihres Tempels zu tragen. Fällt das heilige Ei zu Boden, hat das eine siebenjährige Dürre im ganzen Land zur Folge. Entsprechend zeremoniell sollte das Ei gehandhabt werden! Diese Legende zum Spiel kann natürlich beliebig fortgesponnen werden bis hin zu musikalischer Untermalung des Balanceakts oder zur Kostümierung der Tempeldiener. Wenn Sie bereit sind, das Spiel mit Putz-Pausen zu unterbrechen, ist es Ihnen unbenommen, den Tischtennisball durch ein echtes Ei zu ersetzen ... . Ihrem Feingefühl ist es überlassen, den Spielentwurf dem Alter und der Spielfreude der Teilnehmer anzupassen.

Für jedes Paar wird die Zeit gestoppt, die es für das Durchqueren des Parcours benötigt. Für jeden Fehlversuch wird 1 Minute Strafzeit berechnet. Das Paar, das die geringste Zeit braucht, hat gewonnen. Alternativ kann auch die schauspielerische Leistung des Paares bewertet werden. Damit würde mehr das Aufeinandereingehen als der sportliche Aspekt honoriert.

Grundsätzliches: s. S. 7, Einleitung 6b.

- Gehe mal davon aus, daß das Spiel ein Beispiel für etwas Größeres, eine Art Gleichnis war: Wofür könnte der gemeinsame Balanceakt gestanden haben? Wofür steht dann das Ei, wofür der Karton ... ?
- Worauf mußte ich besonders achten, um die Übung erfolgreich zu meistern?
- Welche Rolle spielt die Sprache bei der Durchführung dieser Übung?
- Was sagt mir diese Übung über meine Kooperationsfähigkeit?

Sie nehmen während der Übung nacheinander für jedes Paar die Zeit. Hierzu können Sie M 2 benutzen. Das anschließende Auswertungsgespräch sollte im Plenum stattfinden.

Sie können die Übung auf verschiedene Weise komplizierter gestalten:

- durch eine vermehrte Zahl von Hindernissen im Parcours,
- durch ein Sprechverbot während der Übung,
- durch eine Verkleinerung des zur Verfügung gestellten Plakatkartons von DIN A 4 auf DIN A 5,

- dadurch, daß statt eines Paares jeweils drei oder vier Personen den Karton gleichzeitig festhalten und so den Parcours durchlaufen,
- indem andere Spielmaterialien (Bleistifte, Hefte o.ä.) verwendet werden.

Bei sehr ungeübten oder auch besonders jungen Teilnehmern kann es angezeigt sein, den Parcours zunächst zu vereinfachen, um das Maß an Mißerfolgen in Grenzen zu halten. Später können dann schwierigere Strecken abgegangen werden.

Molcho 1990; Grom 1976;
Vopel 1984b u. 1986d;
Gudjons 1990; Kliebisch 1995

Eine vertiefende Auswertung kann sich vor allem dem Aspekt der Koordination von Handlungsabläufen widmen, wie sie für eine erfolgreiche Kooperation zwischen Menschen unbedingt notwendig ist. Dabei sollte insbesondere klar werden, daß die im Rahmen dieser Übung angestrebte Koordination zwischen den Partnern eines Paares ein genaues Beobachten des jeweils anderen zur Voraussetzung hat und unmotiviertes, unreflektiertes und egozentrisches Verhalten unmittelbar zu Schwierigkeiten führt.
Ferner kann man sich in diesem Zusammenhang der Frage zuwenden, ob und inwieweit die Feinabstimmung des Vorgehens von den Teilnehmern während des Experiments überhaupt abgesprochen worden ist. Hier kann es sinnvoll sein, darauf hinzuweisen, wie wichtig es ist, miteinander offen und klar zu reden, um zu kooperieren und gemeinsam ein Ziel zu erreichen. Darüberhinaus kann man über die erforderliche Fähigkeit sprechen, sich in den jeweiligen Partner hineinzuversetzen und seine möglichen Handlungen zumindest im wesentlichen vorauszusehen.
Auf der Grundlage ihrer Spielerfahrung können die Teilnehmer darüber nachdenken, welche alltäglichen Situationen ähnlich koordiniertes Vorgehen erfordern. Schließlich sollten sie erkennen, ob und wie die Übungsergebnisse auf diese Situationen des Alltags zu übertragen sind.

Erforderlich sind ein fester Plakatkarton im Format DIN A 4 und ein Tischtennisball (evtl. ein Ei), eine Stoppuhr.

- M 1 zeigt einen Vorschlag für einen Parcours. Sie sollten in jedem Fall darauf achten, daß die Spieler Hindernisse sowohl überqueren als auch unterlaufen müssen.
- M 2 - Auswertungsbogen.

Zusätzliches Arbeitsblatt:

- Das Arbeitsblatt "Kooperation? Wieso?" ist geeignet, die Teilnehmer grundsätzlich an die Thematik heranzuführen und stellt zwei Entwürfe gesellschaftlicher Kooperation gegenüber.

Parcours

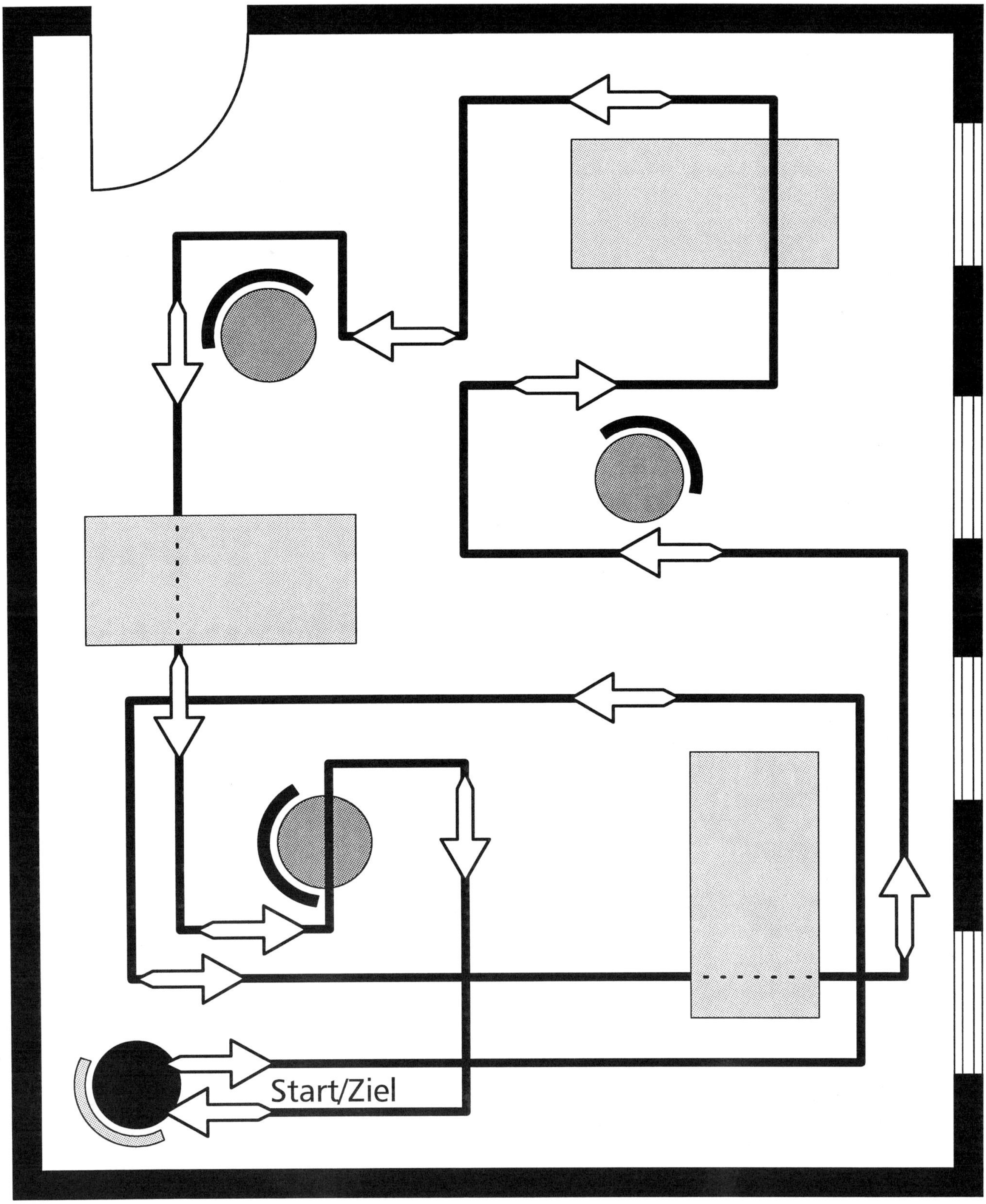

Wettkampfbogen

Paar: .... / ....
Fehlversuche: .... mal = ... Sekunden
Gebrauchte Zeit: .... Sekunden
Gesamt: .... Sekunden
Rangplatz: ....

Paar: .... / ....
Fehlversuche: .... mal = ... Sekunden
Gebrauchte Zeit: .... Sekunden
Gesamt: .... Sekunden
Rangplatz: ....

Paar: .... / ....
Fehlversuche: .... mal = ... Sekunden
Gebrauchte Zeit: .... Sekunden
Gesamt: .... Sekunden
Rangplatz: ....

Paar: .... / ....
Fehlversuche: .... mal = ... Sekunden
Gebrauchte Zeit: .... Sekunden
Gesamt: .... Sekunden
Rangplatz: ....

Paar: .... / ....
Fehlversuche: .... mal = ... Sekunden
Gebrauchte Zeit: .... Sekunden
Gesamt: .... Sekunden
Rangplatz: ....

Paar: .... / ....
Fehlversuche: .... mal = ... Sekunden
Gebrauchte Zeit: .... Sekunden
Gesamt: .... Sekunden
Rangplatz: ....

"Kooperation? Wieso?"

1 Statt Kooperation kann man auch "Zusammenarbeit" sagen.
Was verstehst Du eigentlich unter Zusammenarbeit?
Ist 'Bundeswehr' 'Zusammenarbeit'?
Gibt es Kooperation in der Familie oder nur in der Fabrik?
Nenne 10 Beispiele von Kooperation, die Dir spontan einfallen.

2 Es gibt eine Redewendung, die auch etwas über den Sinn von Kooperation aussagt:
"Das Ganze ist mehr als die Summe der Teile."
Ein einfaches Beispiel: Stelle Dir fünf Menschen vor, die nicht in einer Stadt wohnen. Sie wohnen weit außerhalb und müssen sich in jeder Hinsicht selbst versorgen, müssen sich Wohnraum schaffen, Nahrung auftreiben etc. Welche Folgen hat es für den Einzelnen, wenn diese fünf Menschen alleine leben? Was würde es ihnen bringen, wenn sie sich zusammentäten?
Notiere Dir ein paar Punkte dazu und überlege, ob das Beispiel auch etwas mit Deinem alltäglichen Leben zu tun hat.

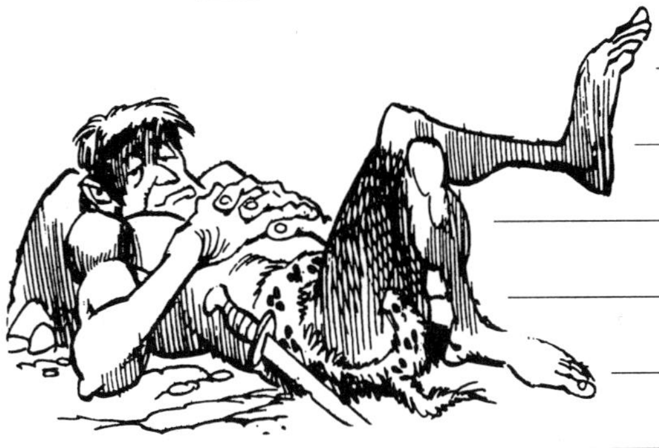

"Kooperation? Wieso?"

3 Manche Leute glauben, daß auch das Leben in der modernen Welt, z.B. in bezug auf Wirtschaft und Politik, nach den Regeln der Natur funktioniert, wie sie der Engländer Charles Darwin vor über 100 Jahren formuliert hat. Darwin hatte für die Welt der Pflanzen und Tiere den Ausdruck geprägt: "Survival of the fittest.", d.h. es überleben nur die Stärksten, diejenigen, die sich am besten unter ganz bestimmten Lebensbedingungen durchsetzen können. 100 Jahre nach Charles Darwin hat die britische Premierministerin Margaret Thatcher gesagt: "Es gibt keine Gesellschaft, es gibt nur Individuen." Darwins Regeln für die Natur auf das Zusammenleben der Menschen zu übertragen, nennt man Sozialdarwinismus.
Dagegen behaupten andere, das menschliche Gesellschaften von Kooperation und 'Mit'- statt 'Gegeneinander' geprägt seien. Sie glauben, der Mensch in der Gesellschaft soll sich nicht nur um sich selbst kümmern, sondern auch an das Wohl seiner Mitmenschen denken. Sie behaupten, wir alle hätten auch eine "soziale Verantwortung".

- Was hältst Du von beiden Vorstellungen?
- Kannst Du Dir ein menschliches Zusammenleben ohne Kooperation vorstellen?
- Wie sähe Dein Leben, Dein Alltag in einer Welt von konkurrierenden Einzelwesen ohne einen Sinn für soziale Verantwortung und Kooperation konkret aus?

Charles Darwin, 1881

2.2 Oligo

In einem ähnlichen Übungsrahmen wie in 2.1 haben die Teilnehmer Gelegenheit

- notwendige Fähigkeiten und Problemlösungsstrategien für eine erfolgreiche Kooperation zu erkennen,
- Konkurrenzdruck in der Kooperation zu erfahren,
- ihre Gruppenmitglieder bewußt wahrzunehmen und auf sie einzugehen.

ab 12 Jahren

bis 20 Personen

a) ca. 30 Minuten für die Übung
b) ca. 20 - 30 Minuten für die Auswertung

Das Plenum wird in Gruppen zu drei Personen aufgeteilt. Die Gruppen konkurrieren während des Spiels miteinander.
Die Aufgabe besteht für jede Gruppe darin, einen fiktiven Fluß "Oligo" zu überqueren (siehe Skizze M 1), der zwischen den beiden Ufern A und B liegt.
Dazu versammeln sich die Gruppenmitglieder an Ufer A (an einer Wand des Übungsraumes) und fassen einander so an, daß jedes Gruppenmitglied mindestens eine Hand eines anderen Teilnehmers festhält. Diese Verbindung zwischen den Gruppenmitgliedern darf während des Spiels nicht unterbrochen werden.
Das Ufer B (= gegenüberliegende Raumseite) sollte mindestens 5 Meter entfernt sein. Die Gruppe darf den Fluß "Oligo" nur mit Hilfe von "Felsen" (auf DIN A 4 Pappe geklebte oder gezeichnete linke und rechte Fußabdrücke) überqueren: Wenn ein Spieler seinen Fuß auf den Boden setzen will, darf er dies nur, wenn dort vorher ein entsprechender Felsen (links für linke Füße, rechts für rechte Füße) plaziert wurde. Gewonnen hat die Gruppe, die am schnellsten mit allen ausgegebenen "Felsen" auf dem Ufer B ankommt.
Macht eine Gruppe einen Fehler (falscher oder kein Felsen; nicht alle Felsen werden mitgebracht; die Handverbindung wird unterbrochen) darf sie noch einmal von vorn beginnen. Fehlversuche schlagen allerdings mit zwei Minuten Strafzeit zu Buche.

Grundsätzliches: s. S. 7, Einleitung 6b.

- Wäre ich mit meiner Gruppe in der Lage, einen echten Fluß bei vergleichbaren Bedingungen zu überqueren?
- Wie sah mein Beitrag zur Flußüberquerung aus?
- Hätte ich mehr und konstruktiver mitmachen können, oder wäre es besser gewesen, mich etwas zurückzuhalten?
- Wie sind in meiner Gruppe die Entscheidungen darüber zustandegekommen, wie der Fluß am besten zu überqueren ist?
- Wer hat die Gruppe, zu der ich gehörte, geleitet?
- Haben wir uns beraten, haben wir klar miteinander geredet, bevor wir "auf den Fluß" gingen? Haben alle mitgeredet oder nur manche? Warum war das so?

Als Einstieg in die Auswertungsphase kann zunächst in den zu Anfang gebildeten Gruppen das Arbeitsblatt "Gemeinsam beißen wir die Hunde" bearbeitet werden (ca. 10 Minuten). Das weitere Auswertungsgespräch sollte anschließend im Plenum stattfinden.

Das Spiel kann durch verschiedene Variationen für die Teilnehmer erleichtert bzw. erschwert werden:
Erleichterung:

- Es werden Paare statt Dreiergruppen gebildet.
- Der Abstand zwischen den Ufern wird verringert.
- Es werden mehr Felsen ausgegeben.
- Bei den Felsen wird nicht zwischen links und rechts unterschieden.

Erschwerung:

- Die Gruppenstärke wird bis auf fünf Personen vergrößert.
- Der Abstand zwischen den Ufern wird vergrößert.
- Es werden weniger Felsen ausgegeben.

- Die Teilnehmer dürfen, nachdem sie sich angefaßt haben, nicht alle in dieselbe Richtung blicken.
- Es darf während des Spiels nicht gesprochen werden.
- Der Fluß wird an einigen Stelle unpassierbar gemacht (= Plazierung von farbigen Blättern).
- Beim Durchqueren des Flusses müssen weitere Hindernisse (Tische, Stühle) überwunden werden.

Das Spiel kann sowohl mit recht jungen als auch mit älteren Teilnehmern problemlos durchgeführt werden. Sie sollten allerdings bedenken, daß das Gelingen des Spiels entscheidend davon abhängt, daß die Gruppen das Gefühl haben, das Problem tatsächlich lösen zu können. Die Ausgangssituation sollte also in bezug auf den Schwierigkeitsgrad auf die jeweilige Gruppensituation abgestimmt werden.
Es kann lohnend sein, jeder Gruppe zunächst einen Probedurchgang zu ermöglichen, bevor eine Wertung stattfindet. Die Spielzeit muß dann allerdings entsprechend verlängert werden.

Molcho 1990; Vopel 1986d;
Kliebisch/Wach 1994

Die Gruppenmitglieder werden vor eine recht schwierige Aufgabe gestellt, die sie allerdings mit einiger Mühe durchaus bewältigen können.
Eine vertiefende Auswertung sollte in erster Linie auf die Schwierigkeiten zu sprechen kommen, die sich aufgrund der Problemstruktur des Spiels ergeben: Der Handlungsspielraum der Gruppenmitglieder wird erheblich eingeschränkt (Anfassen, Felsen), gleichzeitig soll die Aufgabe unter Konkurrenzbedingungen (Welche Gruppe ist die schnellste?) gelöst werden. Aufgrund dieser Ausgangsbedingungen werden sich zwangsläufig Probleme einstellen, die auf unkoordiniertes, aber auch unüberlegtes und hektisches Handeln einzelner Gruppenmitglieder zurückzuführen sind.

Man kann an dieser Stelle gut herausarbeiten, daß es für eine effektive Bewältigung solcher Problemsituationen sehr hilfreich sein kann, bestimmte Regeln zu beachten. Hierher gehört die Möglichkeit, einen Gruppenleiter zu haben, verschiedene Lösungsmöglichkeiten zu bedenken, Gruppenentscheidungen mehrheitlich zu treffen und dann gemeinsam umzusetzen und dabei aufeinander abgestimmt vorzugehen (s. Folienvorlage "Schritte zur effektiven Kooperation).
Eine weiterreichende Auswertungsphase sollte freilich auch nicht versäumen, mit den Teilnehmern ausführlich zu überlegen, welche Folgerungen aus ihren Erfahrungen mit dieser Übung für die alltägliche Praxis im beruflichen und privaten Bereich zu ziehen sind (Transfer!).

- M 1 - Vorschlag für die Gestaltung der Ausgangssituation des Experiments

Zusätzliches Material:

- Das Arbeitsblatt "Gemeinsam beißen wir die Hunde". Für die erste Phase der Auswertung in den Kleingruppen.
- Folienvorlage: "Schritte zur effektiven Kooperation". Mit diesem Blatt können grundsätzlich und schematisiert Problemlösungsstrategien für Kooperationsprozesse erarbeitet werden.

Die Spielsituation

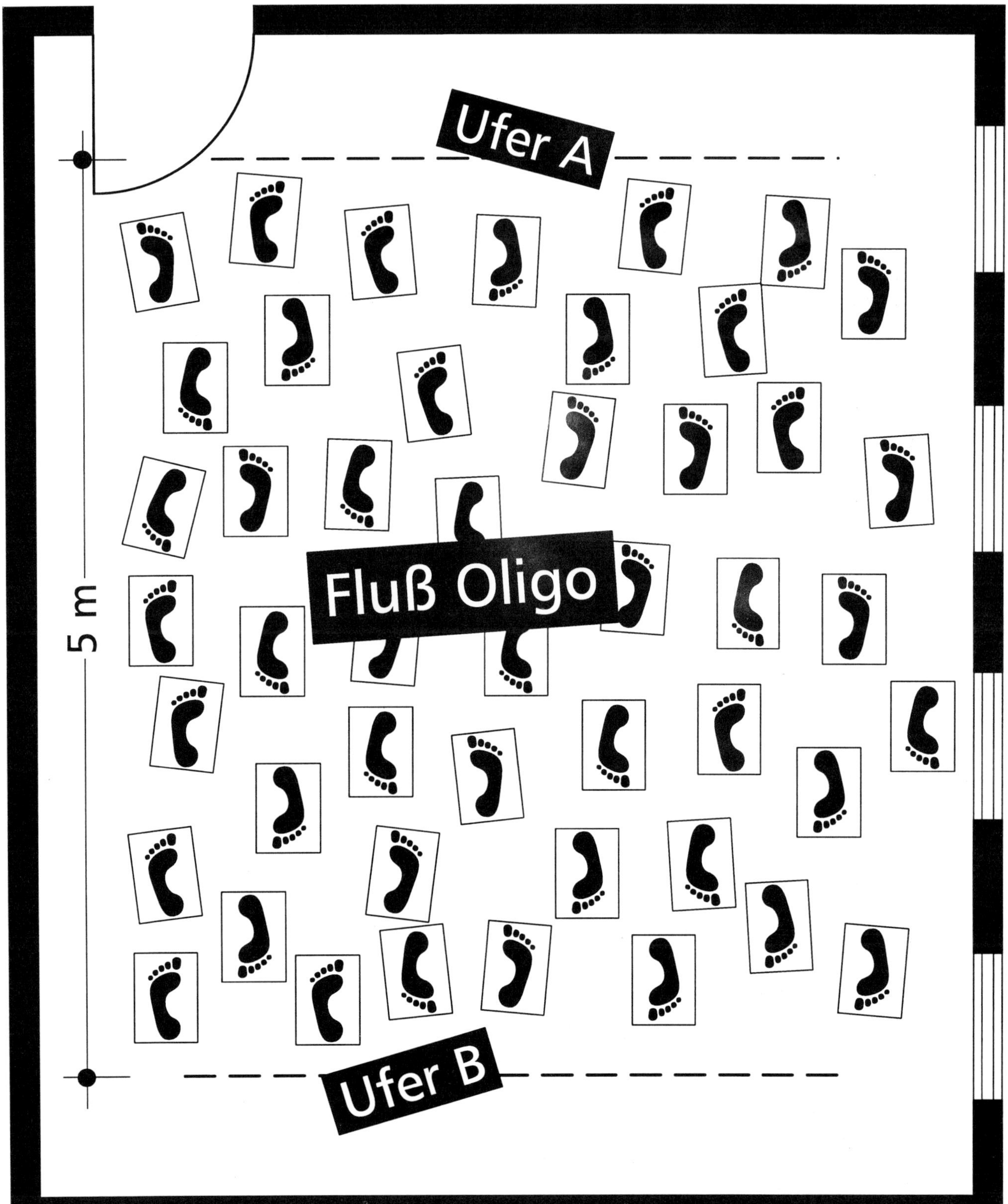

"Gemeinsam beißen wir die Hunde"

Besprecht in Eurer Gruppe die folgenden Fragen, und notiert Eure Antworten auf der Rückseite.
Ihr habt dafür ungefähr 15 Minuten Zeit.

1 Guckt Euch die folgenden Aussagen an.
Welche davon findet Ihr im Zusammenhang von Gruppenarbeit gut und richtig?
Begründet Eure Auswahl.

- ☐ Den letzten beißen die Hunde.
- ☐ Viele Köche verderben den Brei.
- ☐ Der Klügere gibt nach.
- ☐ Führer befiehl, wir folgen Dir.
- ☐ Frisch gewagt, ist halb gewonnen.
- ☐ Gut Ding will Weile haben.
- ☐ Gemeinsam sind wir stark.
- ☐ Eine Kette ist nur so stark wie ihr schwächstes Glied.
- ☐ Reden ist Silber, Schweigen ist Gold.

2 Welche dieser Aussagen beschreiben am treffendsten Eure Erfahrungen mit Gruppenarbeit?

3 Was ist "Zusammenarbeit" für Euch? Die folgenden Abbildungen können Euch als Anregung dienen. Ihr versteht sicher nicht alle dasselbe darunter. Jeder sollte ein oder zwei Beispiele für seine Vorstellung von guter Kooperation finden.

Schritte zur effektiven Kooperation

1. Situationsanalyse

- *Was genau soll gemacht werden?*
- *Welche Schwierigkeiten sind zu erwarten?*

2. Gruppenorganisation

- *Wie sollte die Gruppe organisiert sein?*
- *Was ist für diese Organisation zu tun?*

3. Lösungsmöglichkeiten

- *Welche Lösungen für das Problem sind offensichtlich?*
- *Welche alternativen Lösungen gibt es?*

4. Ausführung

- *Wie sollen die Lösungswege beschritten werden?*
- *Was muß der Einzelne dabei tun?*

2.3 Luftballon

Das folgende Spiel fordert intensive körperliche Koordination und Kooperation unter erschwerten Bedingungen. Die Teilnehmer lernen dabei,

- **sich in andere hineinzuversetzen und auf sie einzugehen,**
- **verbale und non-verbale Signale wahrzunehmen und zu interpretieren,**
- **mit Konkurrenz- und Zeitdruck in der Gruppe umzugehen,**
- **ihre Spielerfahrung auf Alltagssituationen zu übertragen.**

ab 12 Jahren

bis 20 Personen

a) ca. 45 Minuten für die Übung
b) ca. 30 Minuten für die Auswertung

Das Plenum wird in Paare aufgeteilt. Jedes Paar erhält einen aufgeblasenen Luftballon. Die Partner klemmen diesen zwischen ihre Oberkörper. Danach durchqueren sie einen im Übungsraum aufgebauten Parcours (s. M 1 zu "Das heilige Ei", 2.1). Fällt der Luftballon dabei zu Boden, muß das Paar von neuem beginnen. Insgesamt sind zwei Fehlversuche zulässig. Ein Fehlversuch schlägt mit zwei Minuten Strafzeit zu Buche; gewonnen hat das Paar, das den Parcours am schnellsten bewältigt.
Das Spiel bringt es mit sich, daß die Spieler die körperliche Nähe ihrer Mitspieler nicht nur ertragen, sondern einfühlsam damit umgehen müssen. Wenn Sie diesen Aspekt vertiefen wollen, können Sie das mit dem Arbeitsblatt: "Das Aura-Spiel" tun.

Grundsätzliches: s. S. 7, Einleitung 6b.

- Worauf muß man bei der Bewältigung der Aufgabe besonders achten?
- Welche Rolle spielten bei der Lösung der Aufgabe non-verbale Informationen?
- Wie beurteile ich insgesamt die Kooperationsleistung, die ich erbracht habe?
- Wie gut konnte ich mich einbringen?
- Inwieweit hat mich mein Partner während der Durchführung der Aufgabe beachtet?
- Wie gut konnte ich das Verhalten meines Partners vorhersehen?
- War mir die körperliche Nähe meines Partners im Verlauf des Spiels unangenehm?
- Hat sie die Zusammenarbeit erschwert oder erleichtert?

Zunächst wird aufgrund der benötigten Zeit eine Rangfolge der Paare ermittelt. Danach sollten Sie den drei schnellsten Paaren Gelegenheit geben zu erklären, wie sie im einzelnen vorgegangen sind, welche Schwierigkeiten sie bei der Durchführung der Übung beobachtet haben und wie sie mit diesen umgegangen sind. Anschließend kann die weitere Auswertung im Kreisgespräch stattfinden.

Sie können die Übung auf verschiedene Weise komplizierter gestalten:

- durch Verlängerung des Parcours,
- durch ein Sprechverbot während der Übung,
- dadurch, daß statt eines Paares jeweils drei oder vier Personen den Luftballon zwischen sich einklemmen und den Parcours durchlaufen,
- dadurch, daß die Partner den Ballon mit ihren Rücken einklemmen müssen,
- indem statt eines Luftballons ein Fußball verwendet wird,
- dadurch, daß mehrere Paare gleichzeitig den Parcours bewältigen müssen,
- indem die Paare zwei Ballons gleichzeitig transportieren müssen.

Bei sehr ungeübten oder auch besonders jungen Teilnehmern kann der Parcours zunächst vereinfacht werden, um das Maß an Mißerfolgen in Grenzen zu halten. Später können dann schwierigere Strecken abgegangen werden.

2.3 Luftballon

Kliebisch 1995; Gudjons 1990; Grom 1976; Vopel 1986d

Das Spiel ist nicht leicht. Sie sollten daher den Einsatz in besonderem Maße vom Alter der Teilnehmer abhängig machen. Die Übung ist in jedem Falle sehr gut geeignet, in Grundprobleme der Kooperation einzuführen: So kann z. B. die Notwendigkeit thematisiert werden, sich wirklich ganz auf den Partner einzustellen, und möglichst viele Signale, die er aussendet, wahrzunehmen und angemessen zu interpretieren. Außerdem sollte der Zusammenhang zwischen optimaler Absprache, Entwicklung einer gemeinsamen Strategie und deren praktischer Umsetzung deutlich werden. Sie sollten immer wieder die bloß theoretische Ebene der Überlegungen, aber auch die Übung als Beispiel verlassen, um zu einem angemessenen Transfer zu gelangen: Den Gruppenmitgliedern sollte klar werden, welche Konsequenzen ihre Erfahrungen mit diesem Spiel für ihren Alltag haben und wie sie sie dort konkret umsetzen können (Transfer!).

- Für jedes Spieler-Paar ist ein Luftballon erforderlich.
- Als weiteres Spiel- und Auswertungsmaterial können die Vorlagen zur Übung "Das heilige Ei" (s. Kap. 2.1) genutzt werden.

Zusätzliches Arbeitsblatt:

- Arbeitsblatt: "Das Aura-Spiel".
  In dem Aura-Spiel sollen die Teilnehmer sich auf ihre Mitspieler einlassen und körperlich gefühlvoll mit ihnen umgehen.

Das Aura-Spiel

Wenn Du mit anderen zusammen arbeitest, tanzt, spielst oder Sport machst, kommt es nicht nur darauf an, sich gut abzusprechen. Man muß auch Gefühl füreinander entwickeln. Man fühlt, ahnt, was der andere als nächstes machen wird und kann so harmonisch handeln. Das geht! Sportler spielen bekanntermaßen am besten zusammen, wenn sie sich "blind verstehen."

Wer sich auf seine Mitmenschen einläßt und konzentriert, entwickelt ein gewisses Gespür dafür, wie sie sich fühlen. Ohne diese Gefühle - manchmal heißt das Intuition - können wir kaum mit unseren Mitmenschen kooperieren.

Wir wollen jetzt in 2er-Gruppen diesen Gefühlen nachgehen. Ihr könnt die Länge der Spielabschnitte selbst bestimmen oder einen Zeitnehmer bestimmen, der Euch nach vereinbarten Zeitabschnitten aufruft, zum nächsten Spielteil überzugehen. Bevor Ihr anfangt, lest Euch alle Spielanweisungen einmal ganz durch:

◎ Stellt Euch zu zweit einander gegenüber und legt die Handflächen einer oder beider Hände aneinander. Schließt die Augen.

◎ Dann macht Ihr erstmal gar nichts. Denkt darüber nach, wie sich die andere Hand anfühlt und wie ihr Euch selbst fühlt. Ist es Dir peinlich, jemand anderen zu berühren? Bist Du locker oder krampfig? Ist Dein Partner oder Deine Partnerin entspannt oder verkrampft?

◎ Die Augen bleiben weiter geschlossen. Wenn Ihr Euch an die Berührung gewöhnt habt, fangt langsam an, Euch ein bißchen zu bewegen. Die Handflächen bleiben dabei aneinander. Habt Ihr ein Gefühl für die Bewegungen des anderen? Ergibt sich so etwas wie eine harmonische Bewegung oder bewegt Ihr Euch "gegeneinander"?

◎ Laßt jetzt bei geschlossenen Augen Eure Hände sinken. Ihr verliert Kontakt. Ungefähr nach einer halben Minute (dabei kann ein Zeitnehmer Kommandos geben) versuchen beide Spieler, mit weiter geschlossenen Augen Ihre Handflächen wieder aneinander zu bringen.

◎ Wenn das ein paar Mal geklappt hat, gehen wir einen Schritt weiter. Ihr laßt Eure Hände wieder sinken und verliert erneut Kontakt. Jetzt dreht Ihr Euch mit geschlossenen Augen drei Mal um Eure eigene Achse. Danach versucht Ihr, mit geschlossenen Augen Eure Handflächen wieder zusammenzubringen.

◎ Unterhaltet Euch am Ende darüber, wie Ihr Euren Spielpartner (und wie Ihr Euch selbst dabei) gefühlt habt.

◎ Vorsicht! Einen Sinn für die Gefühle Deiner Mitmenschen und ein Gespür für die Atmosphäre, die Eure Zusammenarbeit begleitet, zu entwickeln, heißt nicht, daß permanent über Gefühle gesprochen werden muß. Es heißt auch nicht, daß Du die Menschen, mit denen Du zusammenarbeitest, immer gerne haben muß. Manchmal ist es viel schwieriger, mit Menschen zu kooperieren, zu denen man ein sehr enges Verhältnis hat. Andererseits kann eine sehr fruchtbare Zusammenarbeit auch mit Menschen zustande kommen, die einem nicht gerade sympathisch sind. Kannst Du Dir konkrete Situationen vorstellen, die das bestätigen?

2.3 Pipeline

Dieses anspruchsvolle Gruppen-Spiel vermittelt differenzierte Erfahrungen in komplexer Kooperation. Zentrale Aspekte des Spiels sind:

- **das Erleben von Konkurrenz und Fremdbewertung,**
- **die Wahrnehmung der eigenen Aktivitäten während des Gruppenprozesses,**
- **die Sensibilisierung für Schwierigkeiten im Verlaufe von kooperativen Arbeits- und Entscheidungsprozessen.**

ab 12 Jahren

bis 20 Personen

a) ca. 60 Minuten für die Übung
b) ca. 30 Minuten für die Auswertung

Das Plenum wird in Gruppen zu 4 Personen aufgeteilt. Die Gruppen konkurrieren während des Spiels miteinander.
Sie haben die Aufgabe, mit Hilfe der ausgegebenen Materialien eine Pipeline (Röhre) zu bauen, die folgende Bedingungen erfüllen soll: Die Röhre soll insgesamt 6 m lang sein und der Durchmesser an jeder Stelle mindestens 1,5 cm betragen. Sie wird auf Säulen gebaut, deren Abstand vom Boden durchgängig mindestens 2 cm sein soll. Außerdem muß das gesamte Röhrensystem auf einer Grundfläche von höchstens 1 m^2 plaziert werden.

Ziel ist es, die Aufgabe möglichst rasch und materialschonend zu lösen. Spätestens nach 60 Minuten muß die Arbeit in den Gruppen beendet werden. Gewonnen hat die Gruppe, die am Ende bei der Auswertung die wenigsten Punkte erhält (s. M 1). Wenn Sie in der Auswertung den Zusammenhang von Kooperation und Machtstrukturen thematisieren wollen, können Sie zwei Gruppen nebeneinander die Pipeline bauen lassen: - die eine Gruppe arbeitet als Team, in dem alle Mitglieder gleiche Rechte haben und ihre gemeinsame Vorgehensweise miteinander abstimmen müssen; - für die andere Gruppe bestimmen Sie einen "Chef", der die ganze Gruppe nach Gutdünken leitet. Im Auswertungsgespräch vergleichen beide Gruppen ihre Erfahrungen.

Grundsätzliches: s. S. 7, Einleitung 6b.

- Welche Ziele hat die Gruppe verfolgt?
- Wie organisiert hat die Gruppe gearbeitet?
- Wie gut konnte ich mich selbst in den Pipeline-Bau einbringen?
- Wie wurden die Aufgaben unter den Gruppenmitgliedern verteilt?
- Wie kam die Bauplanung in der Gruppe im einzelnen zustande?
- Welche Entscheidungen waren besonders umstritten?
- Wie zufrieden bin ich mit meinem eigenen Verhalten, und sehe ich die Pipeline auch als mein Werk an?
- Wie sind wir in der Gruppe mit konkreten Konstruktionsproblemen umgegangen?
- Was sollte man in einer Gruppe bei ähnlichen Aufgabenstellungen in Zukunft anders machen?
- Welche allgemeinen Schlüsse lassen sich aus den Erfahrungen mit dieser Übung für den Alltag ziehen?

Zunächst wird der Pipelinebau jeder Gruppe mit Hilfe des Beurteilungsbogens (s. M 1) bewertet; danach erfolgt die weitere Auswertung im Kreisgespräch.

Je nach Erfahrung mit einer Gruppe kann die maximale Arbeitszeit auch verkürzt oder verlängert werden. In jedem Fall sollte sichergestellt sein, daß alle Gruppen prinzipiell in der Lage sind, die Aufgabe in der vorgegebenen Zeit angemessen zu lösen (kein Zeitdruck!).
Sie können jeder Gruppe einen oder mehrere Beobachter zuordnen, die den Arbeitsprozeß unter Berücksichtigung einiger leitender Gesichtspunkte protokollieren und ihre Eindrücke zu Beginn des Auswertungsgesprächs referieren.
Bei der Begutachtung der Gruppenergebnisse kann auch der Aspekt der Fremdbewertung eingebracht werden: Man läßt jede Gruppe die Pipelines der anderen Gruppen nach bestimmten Kriterien (Originalität, Design, Standfestigkeit o.ä.) mit Punkten bewerten.

2.3 Pipeline

Vopel 1986d u. 1984c; Gudjons 1990; Grom 1976; Frör 1978; Kliebisch 1995; Holzberg/Clasen-Holzberg 1993

Das Spiel ist gut geeignet, die Teilnehmer für die Strukturen und Probleme kooperativer Arbeitsprozesse zu sensibilisieren.
Es sollte allen Gruppenmitgliedern bewußt werden, wie die Gruppe im einzelnen zu Entscheidungen gekommen ist. Hierbei zeigt sich in der Regel, daß die Gruppenmitglieder bei der Bestimmung des gemeinsamen Weges vielfach keine demokratischen Verfahren anwenden. Nur selten gelingt es, alle Gruppenmitglieder an den Entscheidungsprozessen zu beteiligen.
Daß oft einzelne Gruppenmitglieder während des Arbeitsprozesses eine dominante Rolle erhalten bzw. einnehmen und dafür andere eher an den Rand gedrängt werden, hängt oft auch damit zusammen, daß innerhalb der Gruppe das zu bewältigende Problem nicht klar genug definiert wird und somit Lösungen eher nach dem Prinzip von *trial and error* als systematisch gesucht werden.
Schließlich sollte das Spiel in jedem Falle Anlaß geben, mit den Teilnehmern zu überlegen, welche Konsequenzen sie aus ihren Erfahrungen mit dem Spiel für Alltagssituationen ziehen könnten (Transfer!).

- Jede Gruppe erhält folgende Materialien: 1 Plakatkarton DIN A 1 als Baugrundfläche, 20 Bogen Schreibmaschinenpapier (80 g holzfrei, DIN A 4), 2 Plakatkartons (150 g holzfrei, DIN A 4), 2 Scheren, Klebematerial, 2 Bleistifte, ca. 10 farbige Filzstifte und 2 Lineale (30 cm lang).
- M 1 - Auswertungsbogen

Zusätzliches Arbeitsblatt:

- Arbeitsblatt: "Kooperation? Wie geht das?" In diesem Arbeitsblatt werden verschiedene Formen der Zusammenarbeit vorgestellt und unter anderem auf ihren Umgang mit Macht und Verantwortung hin untersucht.

Auswertungsbogen

Die Arbeitsergebnisse werden wie folgt bewertet:

A. Konstruktion

		Anzahl Fehler		Punkte
➢ Durchmesser überall mind. 1,5 cm .... ➜	0 Punkte			
jeder Fehler .... ➜	5 Punkte	______	• 5 = +	______
➢ Höhe vom Boden mind. 2 cm .... ➜	0 Punkte			
jeder Fehler .... ➜	5 Punkte	______	• 5 = +	______
➢ Gesamtlänge mind. 6 m .... ➜	0 Punkte			
je 10 cm weniger .... ➜	5 Punkte	______	• 5 = +	______
➢ Grundfläche höchstens 1 qm .... ➜	0 Punkte			
je 10 qcm mehr .... ➜	5 Punkte	______	• 5 = +	______

Gesamt Punkte A ______

B. Zeit und Material

		Anzahl Fehler		Punkte
➢ Zeit: 60 Minuten .... ➜	0 Punkte			
je 3 Minuten weniger .... ➜	- 5 Punkte	______	• 5 = -	______
➢ Material: alles verbraucht..................... ➜	0 Punkte			
je eingespartes DIN A 4 Blatt .... ➜	- 5 Punkte	______	• 5 = -	______

Gesamt Punkte A ______

	Punkte A	Punkte B	Gesamt
Gruppe 1			
Gruppe 2			
Gruppe 3			
Gruppe 4			
Gruppe 5			

Gewonnen hat die Gruppe mit den wenigsten Punkten!

"Kooperation? Wie geht das?"

Es gibt verschiedene Möglichkeiten, die Zusammenarbeit von Menschen zu organisieren. Beispielsweise könnten in einer Gruppe alle gleichviel zu sagen haben und in allen Belangen mitreden dürfen. Andererseits können aber auch feste Aufgabenbereiche bestimmt werden, wobei Aufgabenleiter anderen Gruppenmitgliedern Weisungen geben können. Die Art und Weise wie die Zusammenarbeit organisiert ist, hängt natürlich auch davon ab, woran man "arbeitet": Eine Gruppe von Soldaten ist anders organisiert als eine Gruppe von Wissenschaftlern, und eine Musikgruppe arbeitet wieder ganz anders zusammen. Aber die Art der Zusammenarbeit ist auch eine Geschmacksfrage, denn sie hat sehr viel damit zu tun, wie Menschen miteinander umgehen wollen.

Sieh Dir die folgenden Kooperations-Modelle an:

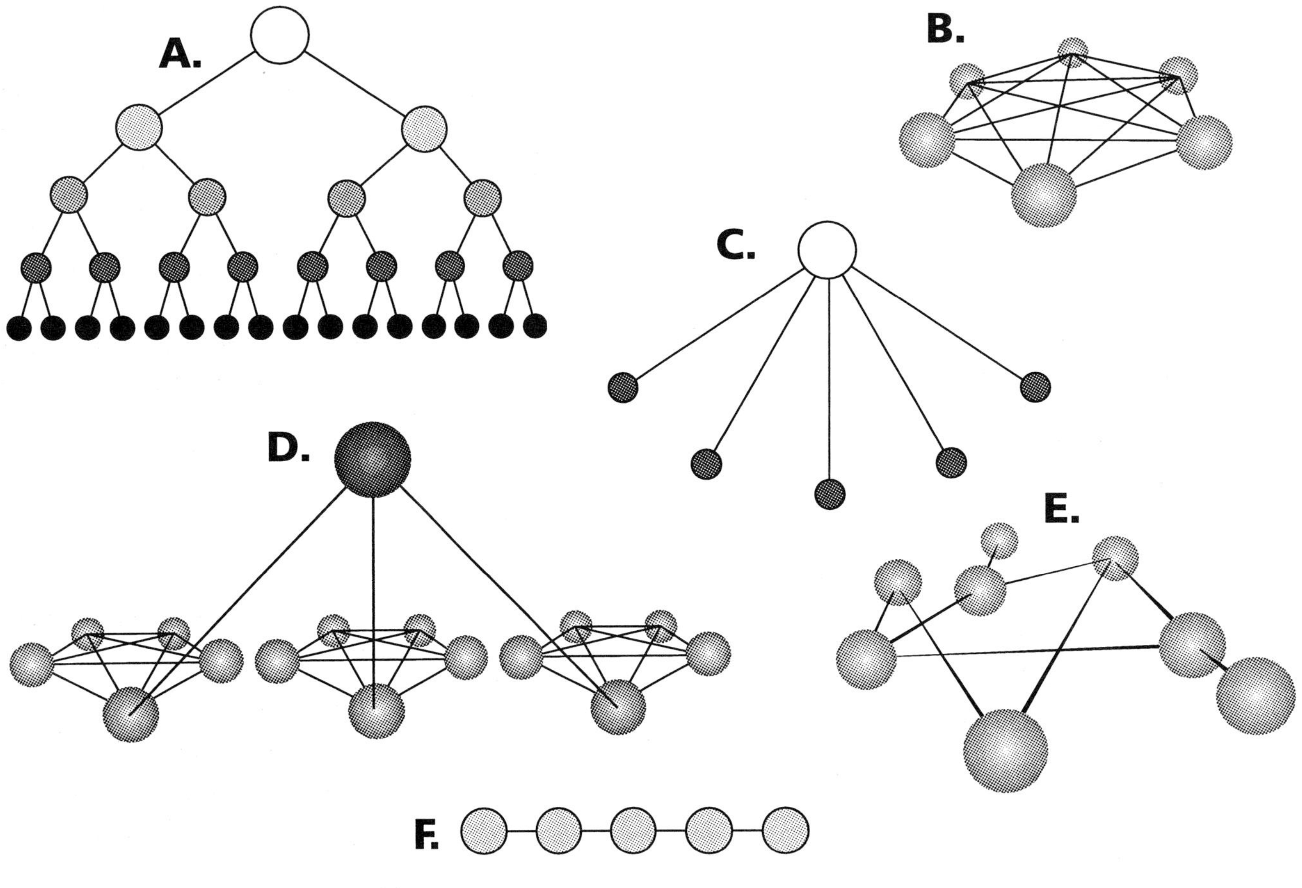

1. Wie wird die Macht in den verschiedenen Modellen verteilt? Wer kann mit wem Kontakt aufnehmen? Welche Rolle spielen Führung, Kontrolle oder Zwang dabei?

2. Sieh Dir das Modell A an, das wie eine Pyramide aussieht. Wie kommen hier wohl Entscheidungen zustande? Können hier alle etwas bewegen, gestalten und verändern? Wer trägt die Verantwortung für Entscheidungen? Hat Verantwortung etwas damit zu tun, wieviel Spaß/Streß Du bei einer Tätigkeit hast, in der Du mit anderen zusammenarbeitest (auch Sport, Hobbies etc.)?

3. Die anderen Modelle haben 'flachere Hierarchien'. Welche Auswirkungen hat das auf die Zusammenarbeit, auf den Umgang der Menschen miteinander? Was fällt Dir zu folgenden Begriffen in diesem Zusammenhang ein: Spontanität, Disziplin, Anregung, Effizienz?

4. Auf welche Art und Weise würdest Du am liebsten mit anderen zusammenarbeiten? Gibt es für die verschiedenen Modelle besonders geeignete bzw. besonders ungeeignete Arbeitsbereiche?

5. Überlege Dir zu jedem Modell Tätigkeiten oder Arbeitsbereiche, in denen es umgesetzt werden könnte.

2.5 Rallye

Hier wird Gruppen-Kooperation besonders unter folgenden Aspekten vermittelt:

- **fähig zu werden, ein komplexes Problem in einzelne Aufgaben zu zerlegen und diese zu verteilen,**
- **Planungs- und Entscheidungsstrategien einzuüben,**
- **fähig zu werden, sich in andere Menschen und ihre Rollen hineinzuversetzen,**
- **Kooperation unter Konkurrenz- und Zeitdruck.**

ab 12 Jahren

bis 15 Personen

a) ca. 120 Minuten für die Übung
b) ca. 30 Minuten für die Auswertung

Das Plenum wird in Gruppen zu mindestens 3, höchstens 5 Personen aufgeteilt. Die Gruppen konkurrieren während des Spiels miteinander. Jede Gruppe erhält nacheinander die Aufgabenpakete A bis C (s. M 1 bis 3). Gewonnen hat die Gruppe, die insgesamt die meisten Punkte erreicht (s. M 4).

Grundsätzliches: s. S. 7, Einleitung 6b.

- Wie haben wir die Aufgaben untereinander aufgeteilt?
- Wie gut konnte ich mich in die Gruppenarbeit einbringen?
- Wer hat sich besonders dominant, wer besonders passiv verhalten?
- Wie habe ich das Verhalten der übrigen Gruppenmitglieder erlebt?
- Im dritten Aufgabenpaket zählt das Ergebnis der Einzelspieler für die Gruppe: Fandest Du das gut oder schlecht?
- Hattest Du das Gefühl, Deine Einzelleistung hat die Gruppe runtergezogen oder hast Du im Gegenteil befürchtet, die Gruppenwertung würde Deine Einzelleistung runterziehen?
- Als verschiedene Aufgaben verteilt wurden und Deine Gruppe sich im Haus und seiner Umgebung verteilt hat, hast Du Deinen Gruppenmitgliedern zugetraut, alles zufriedenstellend zu erledigen oder hättest Du am liebsten alles selber gemacht?
- Ist "Vertrauen" wichtig in kooperativer Arbeit? Ist "Unterordnung" wichtiger?

Zunächst werden mit Hilfe des Auswertungsbogens (M 4) die erreichten Punkte für die einzelnen Gruppen ermittelt. Das weitere Auswertungsgespräch kann dann im Plenum erfolgen.

Es sollten möglichst drei Gruppen gebildet werden. Jede Gruppe beginnt dann die Übung mit einem anderen Aufgabenpaket.
Es hat sich als günstig herausgestellt, wenn für die Organisation und Durchführung des Spiels mindestens zwei Spielleiter zur Verfügung stehen.
Für die Bewältigung einiger der Aufgaben der Pakete A und B müssen Sie im Vorfeld die Lösungen zusammentragen.
Insgesamt ist die Bewältigung der Aufgaben von verschiedenen Vorbedingungen abhängig:

Aufgabenpaket A

- Das Aufgabenpaket wird in einem Gebäude gespielt.
- Die Teilnehmer befinden sich in einem Tagungshaus/der Schule/der Universität.
- Den Teilnehmern werden ggf. erforderliche Nachschlagewerke zur Verfügung gestellt.

Aufgabenpaket B

- Das Aufgabenpaket wird außerhalb des Tagungshauses gespielt.
- In der Nähe des Tagungshauses müssen/sollten sich bestimmte Einrichtungen (Banken, Sparkasse, Post, Bibliothek, Reisebüro, Feuerwehr, Supermarkt usw.) befinden.

Aufgabenpaket C

- Das Aufgabenpaket wird im Übungsraum gespielt.

2.5 Rallye

Die Aufgaben können selbstverständlich von Ihnen auch neu zusammengestellt werden und Sie können auch nur mit einem oder zwei Aufgabenpaketen spielen.
Man kann das Spiel auch mit mehr als 15 Personen (= 3 Gruppen) spielen. Da sich dann jedoch mindestens zwei Gruppen gleichzeitig mit demselben Aufgabenpaket beschäftigen müssen, kann es zu Behinderungen des Ablaufs kommen. Sie sollten das berücksichtigen und ggf. entsprechende Vorsorge treffen.
In Abhängigkeit vom Alter der Teilnehmer sollten Sie die für die Bewältigung der einzelnen Aufgabenpakete zur Verfügung stehende Zeit neu bestimmen.

Kliebisch 1995; Frör 1987; Gudjons 1990; Vopel 1986d u. 1989a

Das Spiel macht den Teilnehmern erst Spaß, wenn die zur Verfügung stehende Zeit nicht zu weit bemessen ist (= positive Wirkung von Konkurrenzerfahrung).
Im Rahmen dieses Spiels müssen sich die Mitglieder der einzelnen Gruppen selbst organisieren. Sie sollen erkennen, daß Arbeitsteilung einen entscheidenden Vorteil bei der Lösung differenzierbarer Problemstellungen bietet.
Eine vertiefende Auswertung kann der Frage nachgehen, wie in den einzelnen Gruppen diese Organisationsleistung erbracht worden ist, welche Schwierigkeiten es dabei gab und welche Erfolge zu verzeichnen waren.
In diesem Zusammenhang ist es wichtig, mit den Teilnehmern ausführlich zu besprechen, wie die Entscheidungsprozesse innerhalb der Kleingruppen im einzelnen abgelaufen sind. Dabei sollten die Gruppenmitglieder zu der Einsicht kommen, daß es für das Gelingen kooperativer Arbeit durchaus von Nutzen sein kann, einen Gruppenleiter zu wählen, der bei Unstimmigkeiten eine endgültige Klärung der Situation herbeiführt.
In jedem Fall sollten Sie nicht versäumen, die Resultate des Auswertungsgesprächs auch auf alltägliche Situationen der Gruppenmitglieder zu beziehen (Transfer!) und dabei etwaige praktische Konsequenzen zu diskutieren.

- M 1 - Aufgabenpaket A
- M 2 - Aufgabenpaket B
- M 3 - Aufgabenpaket C
- M 4 - Auswertungsbogen

Aufgabenpaket A

Anweisungen

◎ Löst in Eurer Gruppe die folgenden Aufgaben.
◎ Alle Aufgaben sollen in unserem Haus bewältigt werden.
◎ Arbeitet so schnell wie möglich.
◎ Notiert Eure Ergebnisse in den dafür vorgesehenen Leerzeilen.
◎ Wenn Ihr alle Aufgaben gelöst habt, bringt Eure Ergebnisse bis spätestens ____ Uhr dem Gruppenleiter.

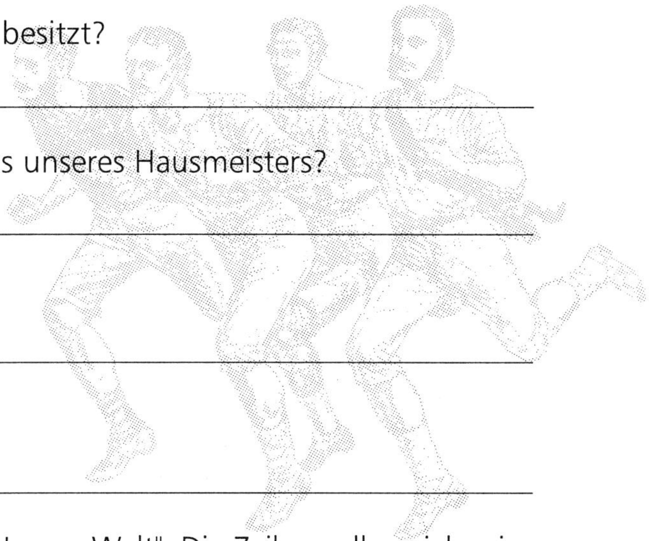

1. Wie heißt die Quersumme aus den Ziffern des Raumes, der hier im Haus die höchste laufende Nummer besitzt?

2. Welcher ist der zweite Buchstabe des Vornamens unseres Hausmeisters?

3. Wieviele Telefonapparate gibt es hier im Haus?

4. Wann wurde dieses Haus gebaut?

5. Schreibt ein zehnzeiliges Gedicht zum Thema: "Unsere Welt". Die Zeilen sollen sich reimen.

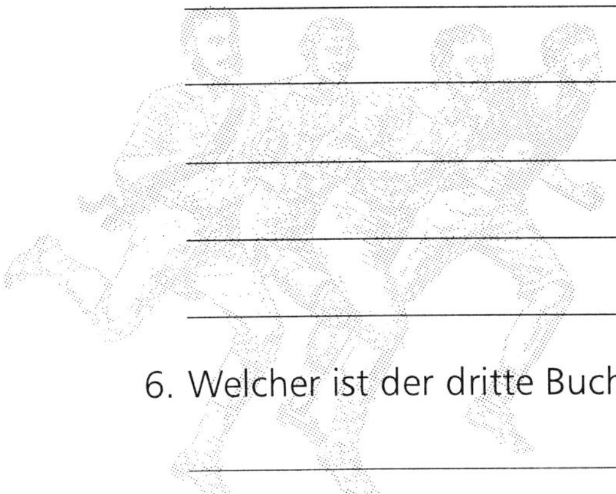

6. Welcher ist der dritte Buchstabe im Namen des größten Sees der Erde?

7. Bildet aus den Buchstaben der Vornamen Eurer Gruppenmitglieder so viele Hauptwörter wie möglich.

Aufgabenpaket B

Anweisungen

◎ Für die Bewältigung der Aufgaben müßt Ihr das Haus verlassen.
◎ Notiert Eure Lösungen in den dafür vorgesehenen Leerzeilen.
◎ Arbeitet so schnell wie möglich.
◎ Wenn Ihr alle Aufgaben gelöst habt, gebt Eure Resultate - bis spätestens ____Uhr - beim Gruppenleiter ab.

1. Erkundigt Euch im Supermarkt ____________________ danach, was dort heute das billigste Pfund geschnittenes Brot kostet.

   ____

2. Besorgt Euch bei öffentlichen Einrichtungen (im Rathaus, bei Ämtern, der Bücherei, etc.) möglichst viele verschiedene Stempel (benutzt dazu die Rückseite).

3. Welche Tonfolge der Sirenenanlage benutzt die Feuerwehr bei Alarmfahrten?

   ____

4. Wieviele DM bekommt man heute für einen Dollar?

   ____

5. Wie teuer ist heute im Reisebüro ____________________ der billigste (Hin- und Rück-) Flug nach Indien (für 1 Person).

   ____

6. Sammelt Blätter möglichst vieler verschiedener Bäume.

7. Kauft für ________ DM möglichst viele verschiedene Gegenstände.

8. Findet heraus, wann die Stadt, in der wir uns befinden, gegründet wurde.

   ____

Aufgabenpaket C

Anweisungen

◎ Die folgenden Übungen werden hier im Raum durchgeführt.
◎ Jede Übung muß von jedem Gruppenmitglied durchgeführt werden.
◎ Notiert die jeweiligen Ergebnisse in den dafür vorgesehenen Freiräumen.

1. Halte einen Tischtennisball mit einem Tischtennisschläger möglichst lange in der Luft. Jede Berührung des Balles mit dem Schläger ergibt einen Punkt. Jeder Spieler darf höchstens 1 Fehlversuch machen.

Spieler 1		mal
Spieler 2		mal
Spieler 3		mal
Spieler 4		mal
Spieler 5		mal
Gesamt		

2. Lege Dich in 1 Minute so oft wie möglich mit dem Rücken auf den Boden und stehe wieder auf. Jeder Durchgang ergibt 1 Punkt.

Spieler 1		mal
Spieler 2		mal
Spieler 3		mal
Spieler 4		mal
Spieler 5		mal
Gesamt		

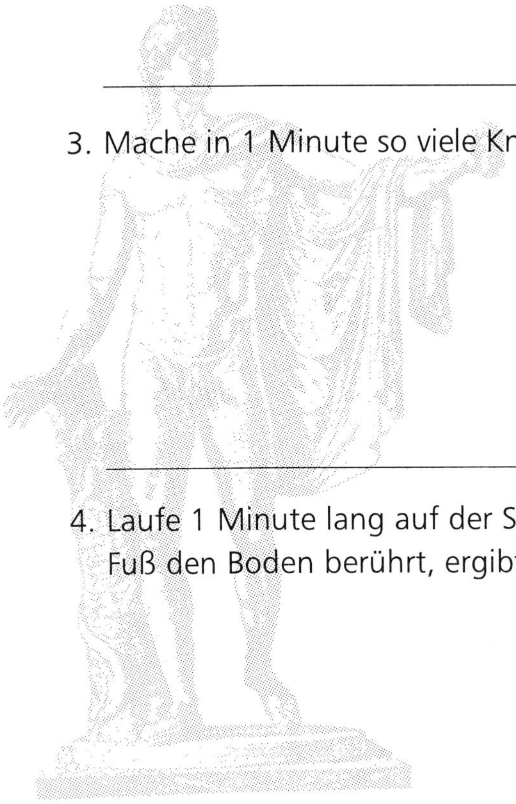

3. Mache in 1 Minute so viele Kniebeugen wie möglich.

Spieler 1		mal
Spieler 2		mal
Spieler 3		mal
Spieler 4		mal
Spieler 5		mal
Gesamt		

4. Laufe 1 Minute lang auf der Stelle. Jedesmal wenn der rechte Fuß den Boden berührt, ergibt das 1 Punkt.

Spieler 1		mal
Spieler 2		mal
Spieler 3		mal
Spieler 4		mal
Spieler 5		mal
Gesamt		

Auswertungsbogen

Auf der linken Seite sind die für die einzelnen Aufgaben maximal möglichen Punkte angegeben; rechts werden die tatsächlich in der Gruppe erreichten Punkte notiert.

Aufgabenpaket A

1.	5	Punkte	________	Punkte
2.	5	Punkte	________	Punkte
3.	5	Punkte	________	Punkte
4.	5	Punkte	________	Punkte
5.	10	Punkte	________	Punkte
6.	5	Punkte	________	Punkte
7.	je 2	Punkte	________	Punkte
Gesamt:			________	**Punkte**

Aufgabenpaket B

1.	5	Punkte	________	Punkte
2.	je 2	Punkte	________	Punkte
3.	5	Punkte	________	Punkte
4.	5	Punkte	________	Punkte
5.	5	Punkte	________	Punkte
6.	je 2	Punkte	________	Punkte
7.	je 5	Punkte	________	Punkte
8.	5	Punkte	________	Punkte
Gesamt:			________	**Punkte**

Aufgabenpaket C

1.	je 1	Punkt	________	Punkte
2.	je 2	Punkte	________	Punkte
3.	je 2	Punkte	________	Punkte
4.	je 1	Punkt	________	Punkte
Gesamt:			________	**Punkte**

Endabrechnung

Aufgabenpaket A	(Übertrag)	________	Punkte
Aufgabenpaket B	(Übertrag)	________	Punkte
Aufgabenpaket C	(Übertrag)	________	Punkte

Gesamt A + B + C: ________________ **Punkte**

Rangplatz der Gruppe ________________________

2.6 Themenbilder

In diesem Spiel wird in folgenden Aufgabenbereichen besonders die kreative Kooperation gefördert:

- **Auseinandersetzung mit einem vorgegebenen Thema in der Gruppe,**
- **gemeinsames Malen eines themenbezogenen Bildes,**
- **sich in die Perspektive anderer hineinzuversetzen und ihre kreativen Ansätze weiterzuführen,**
- **eigene Vorstellungen und Gedanken kreativ umzusetzen.**

ab 12 Jahren

bis 25 Personen

a) ca. 20 - 30 Minuten für die Übung
b) ca. 20 - 30 Minuten für die Auswertung

Das Plenum wird in Gruppen zu je 5 Personen aufgeteilt. Die Gruppenmitglieder setzen sich im Kreis an einen (runden) Tisch oder auf den Boden.
Jedes Gruppenmitglied erhält einen von Ihnen vorbereiteten, weißen Plakatkarton im Format DIN A 2. In der Mitte der Plakate notieren Sie ein Schlagwort, das einen Themenzusammenhang kennzeichnet: z.B. "Umwelt", "AIDS", "Beruf", "Freunde" oder "Freizeit".
In jeder Gruppe soll zu jedem vorgegebenen Thema auf dem bereitgestellten Plakatkarton ein gemeinsames Bild entstehen: Jedes Gruppenmitglied malt (oder schreibt) zunächst auf dem vor ihm liegenden Plakat zu dem dort notierten Thema. Dabei sollen alle spontanen Ideen, Wünsche, Hoffnungen, Befürchtungen u.ä. genutzt werden, die dem einzelnen Teilnehmer im Zusammenhang mit dem auf dem Plakat stehenden Schlagwort einfallen.
Nach ca. 5 Minuten werden die Plakate im Uhrzeigersinn an den jeweiligen Nachbarn weitergereicht. Dieser arbeitet dann an dem erhaltenen Plakat weiter, ergänzt oder verstärkt vorgefundene Ideen, fügt neue hinzu usw.

Dieser Vorgang wiederholt sich so lange, bis jedes Gruppenmitglied wieder jenes Plakat vor sich liegen hat, das Sie ihm zu Anfang gegeben haben.
Während des Malens sollten die Teilnehmer nicht miteinander sprechen.
In diesem Spiel haben die Teilnehmer erfahren, daß Kreativität und Kooperation nicht leicht zu vereinbaren sind. Mit dem Arbeitsblatt "Gruppen-Poster" kann im Anschluß sinnvoll die Problematik von "Individueller Ästhetik vs. Mehrheitskonsens" vertieft werden. Dafür sollten aber mindestens 60 Minuten zur Verfügung stehen.
In diesem Arbeitsblatt werden die Gruppen (3-5 Spieler) aufgefordert, gemeinsam eine Werbeidee zu entwickeln und dazu einen Entwurf für ein Werbeposter anzufertigen. Konzeptionelle wie kreative Entscheidungen werden strikt demokratisch gefällt: Es wird jeweils in einer Abstimmung entschieden, welches Produkt beworben werden soll, welche Grundidee die Werbung bestimmen soll (Adressat, Inhalt, Gestaltung), welche Elemente, Farben etc. das Poster dominieren sollen .... Nach der Herstellung bewertet jedes Gruppenmitglied einzeln das Poster. Das Arbeitsblatt will ein Gespür dafür wecken, daß in kreativen Prozessen die streng demokratische Legitimation der Arbeitsweise nicht automatisch ein zufriedenstellendes Ergebnis nach sich zieht.

Grundsätzliches: s. S. 7, Einleitung 6b.

Fragen zu "Themenbilder"

- Wie gut konnte ich mich während der Übung in den Gruppenprozeß einbringen?
- Welche der fünf Themen haben mir gelegen, welche nicht?
- Fand ich es sinnvoll, daß wir nicht miteinander sprechen durften? Was fand ich gut/schlecht am Sprechverbot?
- Wie gut konnte ich meine Ideen zu den Themen bildlich umsetzen?
- Welche Vorgängerideen waren für mich hilfreich, mit welchen konnte ich wenig oder gar nichts anfangen? Wie erkläre ich mir diese Beobachtungen?

- Habe ich es als angenehm empfunden, kreativ und spontan meine Ideen mit anderen zusammenzuwerfen? Oder hat mich die Kreativität der anderen eher eingeschränkt/gehemmt/geärgert?
- Inwieweit sind die entstandenen Bilder Gemeinschaftsarbeiten?

Fragen zum Arbeitsblatt: "Gruppen-Poster"

- Was ist für mich der Unterschied zwischen sachlichen Diskussionen und solchen, die sich um kreative und ästhetische Dinge drehen?
- Bin ich zufrieden mit der an der Mehrheit ausgerichteten Entscheidungsfindung in dem Poster-Spiel?
- Finde ich meine Vorstellungen noch wieder in dem Poster? Ist es auch mein Poster? Finde ich das Werbe-Projekt gelungen?
- Hatte ich größere Probleme, die Entscheidung der Mehrheit zu akzeptieren als sonst?
- Welche anderen Möglichkeiten gibt es, in einem kreativen Prozeß in der Gruppe Entscheidungen zu fällen?

Zunächst werden die entstandenen Plakate an der Pinwand ausgehängt. Die Teilnehmer schauen sich die Ergebnisse in den Kleingruppen an und erläutern sich wechselseitig, welche Ideen im einzelnen auf den Plakaten dargestellt wurden. Das weitere Auswertungsgespräch kann dann im Plenum stattfinden.

Je größer die Gesamtgruppe ist, desto schwieriger gestaltet sich erfahrungsgemäß das Auswertungsgespräch. Sie sollten das berücksichtigen und ggf. den Schwerpunkt Ihrer Arbeit auf die Betrachtung der entstandenen Bilder legen.
Sie sollten in jeder der Kleingruppen dieselben fünf Themen vorgeben. Bei der Auswertung bietet es sich dann an, die in den einzelnen Gruppen zu demselben Thema entstandenen Bilder miteinander zu vergleichen.
Man kann das Spiel dahingehend variieren, daß man auf das Sprechverbot verzichtet und auf diesem Wege die Kooperationsmöglichkeiten vergrößert.

Grom 1976; Gudjons 1990

Das Spiel kann in erster Linie dazu genutzt werden, die Teilnehmer zu einer kreativen Zusammenarbeit zu bewegen.
Im Rahmen einer vertiefenden Auswertung könnte man dann insbesondere auf die Schwierigkeiten dieses Kooperationsprozesses eingehen: Dabei sollten Sie vor allen Dingen der Frage nachgehen, welche Bereicherungen oder Beschränkungen (im Denken und Handeln) sich möglicherweise dadurch ergeben haben, daß andere Gruppenmitglieder durch ihr Malen gewisse Vorgaben gemacht haben, hinter die dann nicht mehr zurückgegangen werden konnte. Ferner wäre zu überlegen, in welchem Ausmaß die Erfahrung einer solchen Erweiterung bzw. Begrenztheit der eigenen Möglichkeiten dazu geführt hat, den Gedanken eines gemeinsamen Bildes aufzugeben und sich eher mit einer Collage unterschiedlicher Ansätze zufrieden zu geben.
Vor diesem Hintergrund bietet es sich an, mit den Teilnehmern darüber zu reden, welche der mit diesem Spiel gemachten Erfahrungen für ihren Alltag von Belang sein könnten (Transfer!).

- Für jeden Teilnehmer ist ein Plakatkarton (DIN A 2) erforderlich. Darüberhinaus werden mehrere Sets farbiger Filzstifte gebraucht. Für das optionale zweite Spiel sollten noch möglichst viele alte Zeitschriften (für Collagen), für jede Gruppe eine weiße Pappe (Din A 3 oder Din A 2) als Posterfläche, verschiedene Farben (Wasserfarbkästen, Fingerfarbe o.ä.), Pinsel, Scheren und Klebstoff vorhanden sein.

Zusätzliche Arbeitsblätter:

- Das Arbeitsblatt: "Gruppen-Poster" ist eine kreative Kooperations-Übung.
- Arbeitsblatt: "Ich - Die Gruppe".
  Ein ausführliches Arbeitsblatt, das den Zusammenhang zwischen Selbstwert und Kooperation untersucht und hilft, grundsätzlich das Verhältnis der Teilnehmer zur Gruppen- oder Team-Arbeit zu analysieren.

Gruppen-Poster

Macht Gesichter frischer.

Preise zum abheben!

Ihr seid eine Gruppe von Werbefachleuten. Euer Auftrag ist, eine Werbeidee zu entwickeln und einen Entwurf für ein Werbeposter herzustellen. Das Produkt könnt Ihr Euch selbst aussuchen. Ihr könnt werben für eine Schokolade, ein Auto, ein Land, ein Buch, einen Film, eine Partei…

Führt Eure Aufgabe in zwei Schritten durch:

- zuerst einigt Euch, für was Ihr werben wollt, wie Ihr werben wollt (eher lustig oder eher ernst, bunt oder schwarz/weiß…) und welche Elemente in Eurer Werbung enthalten sein sollen;
- danach fangt Ihr mit der Herstellung Eures Posterentwurfs an.

Guter Geschmack ist eine Frage d Einstellung.

Come together

Wir machen den Weg frei

Für Eure Arbeit gibt es eine Regel: Jede Entscheidung muß mit einer Abstimmung bestätigt werden. Nur die Zustimmung der Mehrheit zählt. Wenn die Mehrheit entschieden hat, müssen alle die Entscheidung mittragen und sie nach besten Kräften unterstützen!

"Ich" und die "Gruppe"

Lies die folgenden Sätze. Gib jedem Satz zwischen 0 und 5 Punkte.
Wenn Du den Satz vollständig richtig findest, kannst Du ihm 5 Punkte geben.
Findest Du ihn völlig falsch, gib ihm keinen Punkt.

1. Ich fühle mich nicht wohl, wenn ich mit anderen zusammenarbeiten muß. Ich weiß doch nicht, was die von mir erwarten! Da halt' ich mich lieber zurück. ______ ☐ Punkte
2. Wenn jemand in der Gruppe anfängt zu sagen, was gemacht werden muß und wo es lang geht, dann bin ich ganz froh. Dann gibt es auf jeden Fall viel weniger Streit, als wenn ich jetzt auch noch anfangen würde, meinen Senf dazu zu geben, was die Gruppe tun sollte. ______ ☐ Punkte
3. Ich bin oft ziemlich beeindruckt, was den anderen in der Gruppe so einfällt. Mir fällt ja eher nicht sowas Tolles ein. Aber so lange den anderen genug einfällt, ist das ja nicht so schlimm. ______ ☐ Punkte
4. Wenn es in der Gruppe Streit gibt, wird nicht mehr gearbeitet. Da mir meistens die Sache, um die gestritten wird, nicht wichtig genug ist, als daß ich mich dafür anschreien lassen würde, halte mich da ganz gerne raus. ______ ☐ Punkte

Gesamtpunktzahl: ☐

Rechne Deine Gesamtpunktzahl aus.
Jetzt werden mehrere gleichgroße Gruppen gebildet, in denen alle ungefähr die gleiche Gesamtpunktzahl haben. Jeder in der Gruppe füllt jetzt den umrandeten Abschnitt unten aus. Heftet alle Eure Zettel zusammen zu Eurem "Gruppenposter"! Gebt Eurer Gruppe einen Namen: Ihr könnt Euch nach Tieren benennen (z.B. "die Geier-Gruppe"), aus den Anfangsbuchstaben Eurer Namen einen Phantasie-Namen bilden, oder ein Symbol für Eure Gruppe suchen (z.B. Stern-Gruppe) ... Damit die andern Euren Namen kennen, sollte er auf einem eigenen Blatt über dem Poster hängen.

Ich heiße ______	Ich esse am liebsten ______
Ich habe am ______ Geburtstag	Meine Lieblingsfarbe ist ______
ich werde dann ______	Lieblingsort/-musik/-film ______
Ich wohne in ______	______
Ich kann nicht so gut ______	
Ich kann gut ______	

"Ich" und die "Gruppe"

Jetzt bewertet die folgenden Sätze gemeinsam.
Wenn sich nicht die Mehrheit der Gruppe auf einen Wert einigen kann,
redet und streitet über Eure unterschiedlichen Standpunkte!

1. Gruppenarbeit bringt nur was, wenn alle offen ihre Meinung sagen. Wer die Beine übereinanderschlägt und immer nur "Ja, ja..." sagt, ist sich wohl zu schade für die Gruppe. ____ ☐ Punkte
2. Es geht nicht darum, wer zu einem bestimmten Thema am meisten weiß. Das ist auch wichtig. Aber es ist schon sehr anregend und bringt einen auf ganz neue Ideen, wenn man einfach mal zuhört, wie andere Menschen eine Sache wahrnehmen. ____ ☐ Punkte
3. Das Befriedigende an Gruppenarbeit ist, daß man nicht einfach gesagt kriegt, was man zu tun hat, sondern daß man das gleiche Recht hat wie jeder andere mitzubestimmen, was getan wird. Dieses Recht sollte man nicht aus Schüchternheit und Bequemlichkeit vorschnell aufgeben. ____ ☐ Punkte
4. Jeder ist für die Gruppe gleich wichtig. Die Gruppe gibt jedem Unterstützung und damit Sicherheit. ____ ☐ Punkte

Gesamtpunktzahl: ☐

Wenn Ihr hier die gleiche Gesamtpunktzahl habt wie auf dem ersten Arbeitsblatt, deutet das darauf hin, daß Ihr im gemeinsamen Gespräch Gruppenarbeit anders bewertet habt als vorher alleine. Vergleicht mal Eure Ergebnisse. Haben Sie etwas zu tun mit der Stimmung in Eurer Gruppe? Redet miteinander, wie Ihr Euch gefühlt habt in der Gruppe? Wer oder was hat Euch geärgert? Was hat Euch gefallen?

Bild: *Christine Härtsch*

2.7 Gummiband

Dieses Spiel zwingt die Teilnehmer geradezu zur Kooperation, wobei

- **Handlungsbeschränkungen in der Gruppe bewältigt werden müssen,**
- **die Fähigkeit, sich in andere hineinzuversetzen, trainiert wird,**
- **gemeinsame Entscheidungsfindung und -umsetzung gefordert sind.**

ab 12 Jahren

bis 20 Personen

a) ca. 20 - 30 Minuten für die Übung
b) ca. 20 - 30 Minuten für die Auswertung

Das Plenum wird in Kleingruppen zu je 4 Personen aufgeteilt (Losverfahren!). Die Gruppen konkurrieren während des Spiels miteinander. Die Teilnehmer jeder Gruppe werden - jeder mit jedem - durch Gummibänder verbunden. Die Gummibänder werden dazu um die Taillen der Gruppenmitglieder gebunden und so kurz gehalten, daß sie bei angezogenem, aber nicht gedehntem Band höchstens 1 m auseinanderstehen.
Die einzelnen Gruppen haben folgende Aufgabe: Sie stellen sich auf der einen Seite des Übungsraumes am Start- und Zielpunkt auf. Auf der anderen Seite des Raumes liegen sechs Teile eines Puzzles auf dem Boden (s. M 1). Die Gruppen holen die einzelnen Puzzleteile nacheinander und bringen sie an den Start- und Zielplatz. Dort wird das Puzzle anschließend zusammengelegt.
Gewonnen hat die Gruppe, die die Aufgabe am schnellsten löst.

Grundsätzliches: s. S. 7, Einleitung 6b.

- Wie habe ich die Einschränkungen durch die Gummibänder empfunden?
- Waren wir in der Gruppe fähig, uns halbwegs koordiniert zu bewegen?
- Wie hat die Koordination stattgefunden: durch Zurufen, Zeichen geben, Anfassen ...?
- Wer hat in meiner Gruppe die Leitung übernommen? Wie habe ich das empfunden?
- Habe ich mich aktiv an der Koordinierung der Gruppenbewegung beteiligt?
- Wie (geduldig, genervt, amüsiert, lustlos ...) haben die einzelnen Gruppenmitglieder auf die eingeschränkte Bewegungsfreiheit reagiert?
- Wie sind wir in meiner Gruppe mit den unterschiedlichen Reaktionen umgegangen?
- Welche allgemeinen Schlüsse lassen sich aus den Erfahrungen mit diesem Simulationsspiel ziehen?

Jede Gruppe beschäftigt sich zunächst mit dem als Material abgedruckten Auswertungsblatt (ca. 20 Minuten; s. M 2), danach erfolgt die weitere Auswertung im Plenumsgespräch.

Man kann die Aufgabenstellung auf verschiedene Weise variieren und sie damit für die Teilnehmer leichter oder schwieriger gestalten, z.B.:

- indem man nur zwei oder drei Personen aneinanderbindet,
- indem man mehr Puzzleteile verwendet,
- indem man eine Stuhlpyramide bauen läßt,
- indem die Spielzeit begrenzt wird,
- indem man ein Sprechverbot einführt,
- indem man einen Parcours aufbaut und durchqueren läßt,
- indem zwei von vier Gruppenmitgliedern während des Spiels die Augen schließen müssen usw.

Das Puzzle (s. M 1) sollte vor seiner Verwendung auf ein Format von mindestens DIN A 2 vergrößert werden.

Wenn nur wenig Zeit für die Auswertung zur Verfügung steht, kann problemlos auf die Eingangsphase in den Kleingruppen verzichtet werden.

2.7 Gummiband

Der Übungsraum sollte nach Möglichkeit ausgeräumt sein und Teppichboden haben, um Verletzungsgefahren auszuschalten.

Inspirierend für die Teilnehmer kann es sein, wenn Sie während des Spiels im Hintergrund leise Entspannungs- oder Meditationsmusik einspielen.

Molcho 1990; Gudjons 1990.

Meist ist es vergleichsweise leicht, den Spielern einige Intentionen des Spiels zu verdeutlichen. Einer vertiefenden Auswertung sollte es vorbehalten sein, die Schwierigkeiten, die sich bei der Lösung des vorgegebenen Problems in den einzelnen Gruppen ergeben haben, genauer in den Blick zu nehmen und zu besprechen. Hierbei kann insbesondere darauf hingewiesen werden, in welchem Maße unkoordiniertes, egoistisch motiviertes und unüberlegtes Handeln einzelner Gruppenmitglieder den Gesamtprozeß beeinträchtigt und zu Verzögerungen im Ablauf führt. Sie sollten in diesem Zusammenhang versuchen, den Teilnehmern Möglichkeiten aufzuzeigen, wie sie in bezug auf den Übungskontext solche Probleme hätten vermeiden können.
Bei "Gummiband" handelt es sich um ein Simulationsspiel, das geeignet ist, alltägliche Erfahrungen mit Bindungen, Freiheitsansprüchen sowie mit notwendiger und gestörter Zusammenarbeit gut zu veranschaulichen. Deswegen bietet sich das Spiel in jedem Falle als Ausgangspunkt für ein Gespräch mit den Gruppenmitgliedern über ihre entsprechenden Alltagserfahrungen an.

- M 1 - Vorlage für ein Puzzle (an den gestrichelten Linien zerschneiden)
- M 2 - Auswertungsblatt

Zusätzliches Arbeitsblatt:

- Das Arbeitsblatt: "Streit? Find ich gut!" stellt komplexere Kooperations-, Entscheidungs- und Konfliktbewältigungsmechanismen aus Politik und Wirtschaft vor.

Puzzle

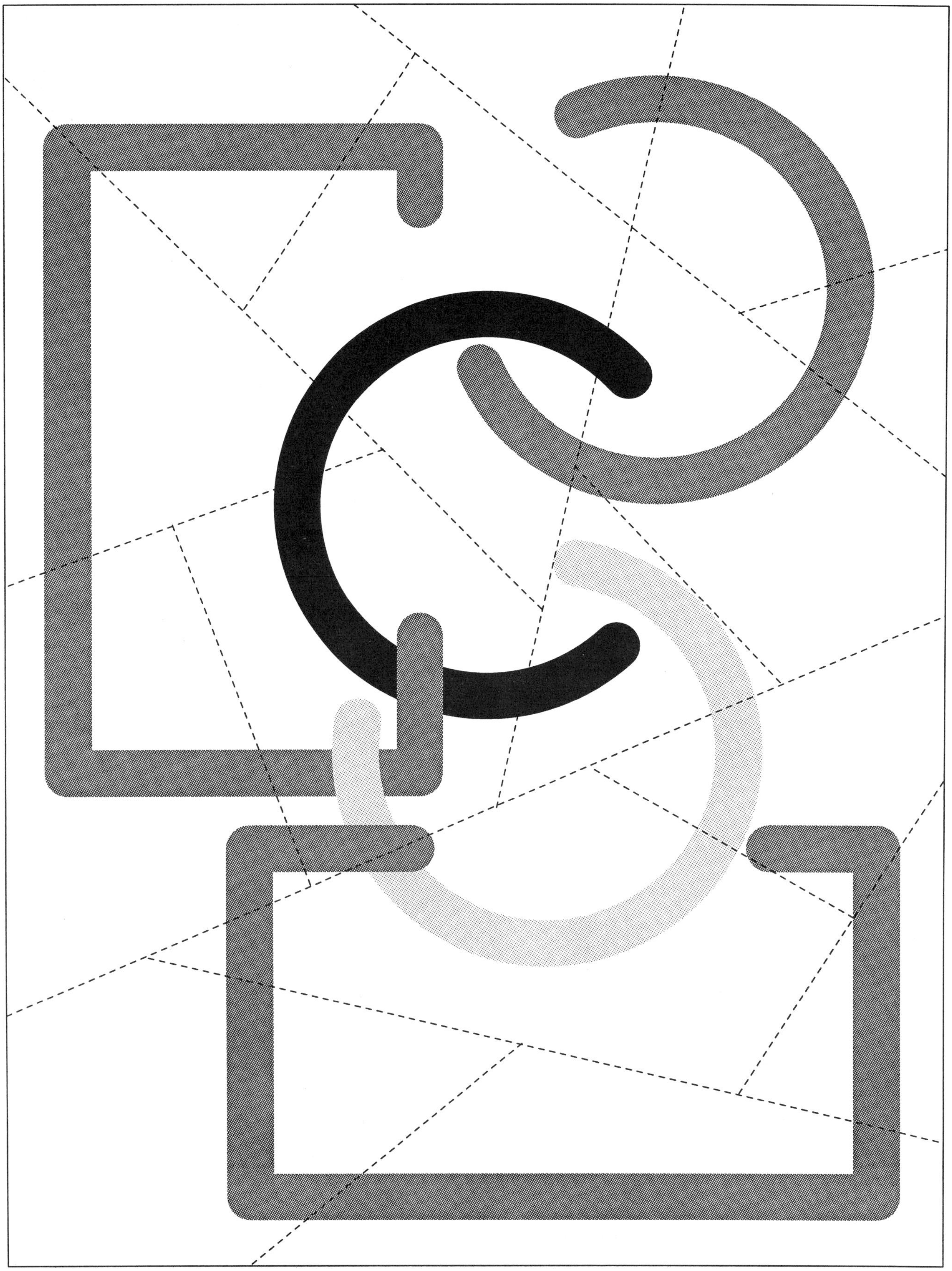

2.7 Gummiband — M2

Auswertung:

Klotz am Bein - Seilschaft?

Bearbeitet in Eurer Gruppe die folgenden Fragen. Notiert Eure Antworten stichwortartig in den dafür vorgesehenen Leerzeilen. Ihr habt 20 Minuten Zeit.

1. Welche Schwierigkeiten gab es in unserer Gruppe bei der Lösung der Aufgabe?

____

____

____

2. Was würden wir anders machen, wenn wir eine solche Aufgabe noch einmal zu lösen hätten?

____

____

____

3. Auf welche Alltagssituationen läßt sich die Spielaufgabe übertragen?

____

____

____

4. Könnten die Gummibänder Sinnbild für etwas sein, was zwischen den Menschen existiert, ob sie wollen oder nicht?

____

____

____

5. "Wenn ich gestolpert bin, war ich oft nicht von den Gummibändern genervt, sondern sauer auf meine Mitspieler, obwohl die eigentlich nichts dafür konnten!" Hast Du das auch so empfunden? Warum empfindet man manchmal so?

____

____

____

6. In dem Puzzlespiel waren die Gummibänder nur eine Behinderung. Kannst Du Dir eine Situation vorstellen, in der Du dankbar sein würdest, wenn Du mit anderen so verbunden wärest wie in dem Spiel mit den Gummibändern? Sagt Dir der Begriff "Seilschaft" in dem Zusammenhang etwas?

____

____

____

"Streit?
Find ich gut!"

Der Plenarsaal des deutschen Parlaments. *Bild: Deutscher Bundestag, Pressezentrum.*

Immer wenn Menschen zusammenarbeiten, gibt es auch Streit, und das ist gut so. Es gibt Dinge, um die es sich lohnt zu streiten. Konflikte sind wichtig, um die Interessen aller Beteiligten möglichst auszugleichen, wenn es geht, durch einen Kompromiß, mit dem alle leben können.

In Politik und Wirtschaft sind die Formen von Zusammenarbeit und Konfliktbewältigung genau organisiert. Lies die folgenden Texte:

Im **Parlament** sitzen die Abgeordneten als gewählte Vertreter von Parteien. In den politischen Tagesfragen (z.B. Steuergesetz, Abtreibungsparagraph, Beschluß zum Einsatz deutscher Soldaten im Ausland) vertreten die Parteien aufgrund ihrer Programme verschiedene Positionen. Gesetzesentwürfe und Anträge werden nur angenommen, wenn die Mehrheit der Abgeordneten für sie stimmt. Da aber sehr selten eine Partei alleine die Mehrheit der Abgeordneten im Parlament hat, müssen sich meist zwei oder mehr Parteien auf einen Vorschlag einigen. Dazu setzen sie sich oft lange vor der Abstimmung zusammen und arbeiten diesen in Diskussionen gemeinsam aus. In der endgültigen Abstimmung im Parlament herrscht dann *Fraktionsdisziplin*, d.h. die Abgeordneten geben ihre Stimme dem Vorschlag ihrer Partei, selbst wenn sie ihn persönlich vielleicht nicht in allen Punkten gut finden. Gäbe es die Fraktionsdisziplin nicht, wäre der Zusammenhalt der Parteien grundsätzlich gefährdet, und es gäbe im Parlament ein Chaos von unzähligen Einzelvorschlägen, die kaum je eine Mehrheit finden würden. Das Parlament wäre lahmgelegt. In manchen Abstimmungen wird die Fraktionsdisziplin aber trotzdem aufgehoben: Wenn Streitfragen sehr grundsätzliche, auch moralische Überzeugungen berühren, steht die Fraktionsdisziplin im Gegensatz zu dem Grundrecht der *Gewissensfreiheit*. In solchen Fragen folgen die Abgeordneten ihrem Gewissen und stimmen oft auch gegen den Vorschlag ihrer eigenen Partei. Bei den Abstimmungen zum Auslandseinsatz deutscher Soldaten und zum neuen Abtreibungsrecht war das der Fall.

"Streit?
Find ich gut!"

Tarifverhandlungen: Links sitzen die Arbeitnehmer-Vertreter der Gewerkschaften, rechts die Arbeitgeber-Vertreter. *Bild: Graffiti.*

In der **Wirtschaft** treffen die Interessen der Arbeitnehmer und der Arbeitgeber aufeinander. Vereinfacht gesagt, wollen die Arbeitnehmer ihre Löhne und Arbeitsbedingungen verbessern, die Arbeitgeber dagegen billiger produzieren. Die Arbeitnehmer und Arbeitgeber haben sich für die verschiedenen wirtschaftlichen Bereiche (z.B. Metallindustrie, öffentliche Angestellte) in großen Verbänden zusammengeschlossen. In vereinbarten Abständen setzen sich Vertreter dieser großen Verbände zusammen und handeln in *Tarifverhandlungen* die Arbeitszeiten und Löhne neu aus. Die Verhandlungen dauern meist wochenlang. Drohen sie zu scheitern, wird ein *Schlichter* dazu gerufen, der als neutraler Dritter versucht, die gegensätzlichen Vorschläge in einem Kompromiß zusammenzubringen. Wenn auch der Schlichter scheitert, beginnt der *Arbeitskampf*. Arbeiter legen die Arbeit nieder, Arbeitgeber sperren Arbeitnehmer aus den Betrieben aus, was Einkommensverluste für diese bedeutet. Während des Arbeitskampfs reißt der Kontakt der beiden Verbände jedoch nie ganz ab. Je länger der Arbeitskampf dauert, desto teurer wird er für die streitenden Verbände. In der Regel endet der *Tarifkonflikt* doch damit, daß sich beide Seiten auf einen *Tarifvertrag* einigen.

1. Ist im Parlament der Ausgleich zwischen den Bedürfnissen des einzelnen Abgeordneten und der Partei gelungen, oder kannst Du Dir vorstellen, daß in der konkreten Arbeit eine Seite zu kurz kommt?
2. Wie werden Konflikte in den beiden Beispielen bewältigt? Gibt es Techniken, Methoden oder Mechanismen der Konfliktbewältigung die Du - in kleinerem Maßstab natürlich - aus persönlicher Erfahrung kennst?
   Oder könntest Du Dir vorstellen, bestimmte Methoden aus den Beispielen für Deine Konflikte zu Hause oder mit Freunden abzugucken?
3. Siehst Du Alternativen zu den geschilderten Formen der Zusammenarbeit bzw. des Streits? Gibt es andere Möglichkeiten, politische Probleme oder den Interessen-Konflikt zwischen Arbeitnehmern und Arbeitgebern zu lösen?

2.8 Kommunikationsregeln

In diesem recht anspruchsvollen Spiel geht es um eine der notwendigen Voraussetzungen für Kooperation: Kommunikation. Folgende konkrete Inhalte werden berührt:

- **Lernen, themenbezogen mit anderen zu kommunizieren: daß heißt, sich einerseits selbst einbringen und andererseits dem Gesprächspartner durch Zuhören Raum zum Einbringen gewähren,**
- **Gesprächsregeln bewußt erkennen und möglichst als notwendig und hilfreich akzeptieren,**
- **den Zusammenhang von Kommunikation und Kooperation erkennen und benennen.**

ab 16 Jahren

bis 15 Personen

a) ca. 105 Minuten für die Übung
b) ca. 30 Minuten für die Auswertung

Alle Teilnehmer erhalten die als Material 1 bzw. 2 abgedruckten Thesenpapiere (M 1 sollte bei Schülern, M 2 bei Berufstätigen verwendet werden) und die Aufgabe, miteinander über die Thesen zu diskutieren (ca. 30 Minuten). Bei diesem Gespräch halten Sie sich vollkommen zurück.
Danach wird das Plenum in Gruppen zu ca. 4 Personen aufgeteilt, in denen als erste metadiskursive Phase der Auswertungsbogen M 3 bearbeitet wird (ca. 15 Minuten).
Die Ergebnisse der Gruppenarbeit werden anschließend im Plenum vorgestellt und ggf. erläutert (ca. 20 Minuten).
Danach folgt eine weitere Gruppenarbeitsphase: Die Teilnehmer sollen sich über die Notwendigkeit von Gesprächsregeln Gedanken machen und diese ihrer Bedeutung nach hierarchisieren (ca. 20 Minuten).
Schließlich erfolgt die Vorstellung und Besprechung der Ergebnisse der zweiten Gruppenarbeitsphase im Plenum (ca. 20 Minuten).

Grundsätzliches: s. S. 7, Einleitung 6b.

- Wie gut konnte ich mich in den einzelnen Phasen der Übung an den Gesprächen beteiligen?
- Wie habe ich das Gesprächsverhalten der übrigen Gruppenmitglieder erlebt?
- Was habe ich aus dem Experiment über mein eigenes Kommunikationsverhalten gelernt?
- Welchen Sinn sehe ich in Äußerungen zu der Art und Weise, in der Gesprächspartner miteinander sprechen?
- Welchen Zusammenhang sehe ich zwischen Kommunikation und Kooperation?
- Wie und wo kann ich persönlich die Erfahrungen mit dieser Übung im Alltag nutzen?

Da das Experiment bereits metakommunikative Aspekte beinhaltet, kann die Reflexion der Übung selbst recht knapp gehalten werden. Sie sollten hier - in Abhängigkeit vom Alter der Teilnehmer - größeren Wert auf ein vertiefendes Auswertungsgespräch im Plenum legen.

Je nach Schwerpunktsetzung kann das Experiment variiert (und damit zeitlich gekürzt) werden:

- Will man lediglich Kommunikationsregeln einführen, kann man auf die beiden ersten Phasen der Übung verzichten.
- Sollen die Teilnehmer in erster Linie ihr eigenes Kommunikationsverhalten wahrnehmen und thematisieren, kann das Experiment bereits nach den beiden ersten Phasen abgeschlossen werden. Es ist in diesem Fall auch leicht möglich, auf eine vertiefende Auswertung zu verzichten.
- Will man das Experiment mit jüngeren Teilnehmern durchführen, sollte man zum Einstieg ggf. ein altersgemäßeres Diskussionsthema auswählen.

2.8 Kommunikationsregeln

Die Übung kann problemlos auch im Rahmen eines Kommunikationstrainings eingesetzt werden. Sie bietet sich insbesondere an, um zu Beginn von Arbeitsphasen in grundsätzlicher Weise über Kommunikationsverhalten und -strukturen in der jeweiligen Gruppe zu sprechen. Gerade wenn man die Übung im Kontext eines Kommunikationstrainings nutzt, kann es hilfreich sein, Gesprächsregeln nach TZI (Ruth Cohn) einzuführen und zu erproben (s. S. 74).

Kliebisch 1981, 1991b u. 1995;
Vopel 1984b, 1986a u. d; Gudjons 1990;
Lange/Schwäbisch/Siems 1977;
Cohn 1991a u. b; Zöller 1979;
Watzlawick/Beavin/Jackson 1990;
Gordon 1980 u. 1981;
Schulz v. Thun 1989a u. b

Im Mittelpunkt einer weitergehenden Beschäftigung mit den Ergebnissen dieser Übung sollte in jedem Fall das Bemühen stehen, die Bedeutung von Kommunikation (-sregeln) für eine konstruktive Kooperation zwischen Menschen klar herauszustellen.
Beabsichtigen Sie, das ohnehin recht lange Experiment zusätzlich intensiver auszuwerten, bietet sich eine Reflexion der Strukturen von Feedback an.
Dazu sollte zunächst deutlich werden, daß es sich bei Feedback um einen metakommunikativen Prozeß handelt. Die Artikulation von Feedback setzt das Wahrnehmen eigener Gefühle voraus und die Fähigkeit, diese Emotionen in einen klaren Zusammenhang zu äußeren oder inneren Ereignissen zu bringen. Aber gerade die Fähigkeit, eigene Gefühle bewußt zu erleben und adäquat zum Ausdruck zu bringen, gewährleistet in hohem Maße die Effektivität kooperativen Handelns.
Vor diesem Hintergrund sollten Sie die für ein gelungenes Feedback notwendigen sprachlichen Operationen genauer in den Blick nehmen und problematisieren. Die Teilnehmer können zusätzlich in Kleingruppen mit Hilfe eines Übungsblattes üben, Feedback-Äußerungen zu formulieren, und die Ergebnisse anschließend mit einem vorgegebenen Lösungsmuster vergleichen (s. S. 73). Alternativ (oder ergänzend bei entsprechender Verlängerung der Auswertungszeit) können Sie den Teilnehmern auch Gesprächsregeln vermitteln, wie sie R. Cohn im Rahmen des von ihr entwickelten Modells der Themenzentrierten Interaktion (TZI) vorgestellt hat (s. S. 74). Dabei bietet es sich an, die Kommunikationsregeln der Gruppe denen von Cohn gegenüberzustellen.
Für die Besprechung der Übung ist es unverzichtbar, über Möglichkeiten und Grenzen von Feedback zu reden. Auch beim Transfer auf Alltagssituationen der Gruppenmitglieder sollte grundsätzlich über den Zusammenhang von gelungener Kommunikation und effektiver Kooperation ausführlicher nachgedacht werden.

- M 1 - Thesenpapier (für Schüler)
- M 2 - Thesenpapier (für Berufstätige)
- M 3 - Gruppen-Auswertungsbogen

Zusätzliches Material:

- Informationsblatt zum Thema Feedback (auch als Folienvorlage geeignet), S. 71
- Arbeitsblatt: "Formulieren von Feedback", S. 72
- Lösungsblatt zum Arbeitsblatt: "Formulieren von Feedback", S. 73
- Gesprächsregeln nach TZI (nach Cohn 1991a u. b, sprachlich erheblich verändert und z. T. zusammengefaßt), S. 74
- Arbeitsblatt: "Zusammen arbeiten - Miteinander reden" - In diesem Arbeitsblatt wird vor dem Hintergrund von Ruth Cohns Arbeiten das Bewußtsein für den Zusammenhang zwischen Kommunikation und Kooperation geweckt, S. 75.
- Die Arbeitsblätter: "Kooperation und Familie" beschäftigen sich mit der Familie als erstem und oft prägenden Kooperationsentwurf im Leben eines Menschen, S. 76/77.

Thesen

1 *Schüler und Lehrer sind Subjekte des Unterrichts; zwischen ihnen gibt es kein Verhältnis der Über- und Unterordnung.*

2 *Schüler und Lehrer lernen gemeinsam.*

3 *Schüler und Lehrer beteiligen sich aktiv am Unterricht.*

4 *Schüler und Lehrer kommunizieren im Unterricht als gleichberechtigte Partner.*

5 *Schüler und Lehrer artikulieren im Unterricht ihre emotionalen Bedürfnisse und versuchen, diese gemeinsam angemessen zu befriedigen.*

6 *Schüler und Lehrer pflegen einen freiheitlich-demokratischen Umgang miteinander, der sich in Toleranz und Offenheit ausdrückt.*

7 *Schüler und Lehrer diskutieren gemeinsam die inhaltlichen und methodischen Fragen des Unterrichts und projektieren die Ziele ihres Handelns.*

8 *Schüler und Lehrer begegnen sich mit Achtung und gegenseitigem Vertrauen. Sie versuchen, gemeinsam Probleme zu erkennen und Problemlösungsstrategien zu entwickeln.*

(aus: Kliebisch 1981, 85f.)

2.8 Kommunikationsregeln — M2

Thesen

1. *Arbeitgeber und Arbeitnehmer sind Subjekte des Produktionsprozesses; zwischen ihnen gibt es kein Verhältnis der Über- und Unterordnung.*

2. *Arbeitgeber und Arbeitnehmer lernen gemeinsam, die Produktionsprozesse humaner zu gestalten.*

3. *Arbeitgeber und Arbeitnehmer beteiligen sich aktiv an der Gestaltung der Arbeitsbedingungen.*

4. *Arbeitgeber und Arbeitnehmer kommunizieren als gleichberechtigte Partner.*

5. *Arbeitgeber und Arbeitnehmer artikulieren im Rahmen des Produktionsprozesses ihre emotionalen Bedürfnisse und versuchen, diese gemeinsam angemessen zu befriedigen.*

6. *Arbeitgeber und Arbeitnehmer pflegen einen freiheitlich-demokratischen Umgang miteinander, der sich in Toleranz und Offenheit ausdrückt.*

7. *Arbeitgeber und Arbeitnehmer diskutieren gemeinsam die inhaltlichen und methodischen Fragen des Produktionsprozesses und projektieren die Ziele ihres Handelns.*

8. *Arbeitgeber und Arbeitnehmer begegnen sich mit Achtung und gegenseitigem Vertrauen. Sie versuchen, gemeinsam Probleme zu erkennen und Problemlösungsstrategien zu entwickeln.*

(in Anlehnung an: Kliebisch 1981, 85f.)

Auswertungsbogen

Bearbeitet in Eurer Gruppe die folgenden Fragen.
Notiert Eure Antworten in den dafür vorgesehenen Leerzeilen.

1. Wie haben wir die vorangegangene Diskussion erlebt?

2. Welche Schwierigkeiten sind im Verlauf der Diskussion aufgetreten?

3. Wie ist die Gruppe mit den aufgetretenen Schwierigkeiten umgegangen?

4. Formuliere 10 grundsätzliche Regeln, die Du für vernünftige Gespräche für notwendig hältst!

Informationen zum Thema Feedback

"Feedback ist eine Mitteilung an eine Person darüber, wie ich sie wahrnehme, welche Gefühle sie in mir auslöst und wie sie auf mich wirkt."
(Lange, u.a., 1977, 150)

Beispiele für Feedback

1.	2.	3.	4.
Ich	finde gut	wie Du das gesagt hast.	Jetzt habe ich es verstanden.
Ich	bin ärgerlich,	daß Ihr so laut seid,	weil ich daher meinen Unterricht nicht fortsetzen kann.
Ich	fühle mich jetzt von Dir reingelegt.		

Günstige verbale Formen von Feedback haben folgende Merkmale:

- Das Feedback ist als Ich-.Botschaft (1) formuliert, also nicht als unpersönliche Tatsachenbehauptung ("Es ist...", "Man sagt...")
- Das Feedback enthält die Beschreibung der aktuellen Gefühlslage des Sprechers (2). (Kann fehlen, z.B.: Ich verstehe Dich nicht.)
- Das Feedback beinhaltet die Beschreibung des wahrnehmbaren Verhaltens (einschl. der verbalen Äußerungen) dessen, dem das Feedback gegeben wird. Feedback wertet, interpretiert oder analysiert nicht. (Also nicht: Du hast Komplexe.)
- Das Feedback kann zusätzlich auf die tatsächlichen Folgen hinweisen, die das Verhalten des Feedback-Empfängers für den Sprecher hat (4).
- Feedback soll auch und gerade positive Gefühle und Wahrnehmungen umfassen.
- Feedback soll möglichst unmittelbar und direkt erfolgen. In Form einer Abrechnung über Dritte in deren Abwesenheit zu reden, ist also keine Form von Feedback.
- Feedback muß reversibel sein und darf nicht eine bloß auf Konfrontation ausgerichtete Provokation sein.

Non-verbales Feedback kann u.a. gegeben werden

- durch körpersprachliche Äußerungen (z.B. Kopfnicken, Stirnrunzeln)
- durch Blickkontakt mit dem Sprecher.

Formulieren von Feedback

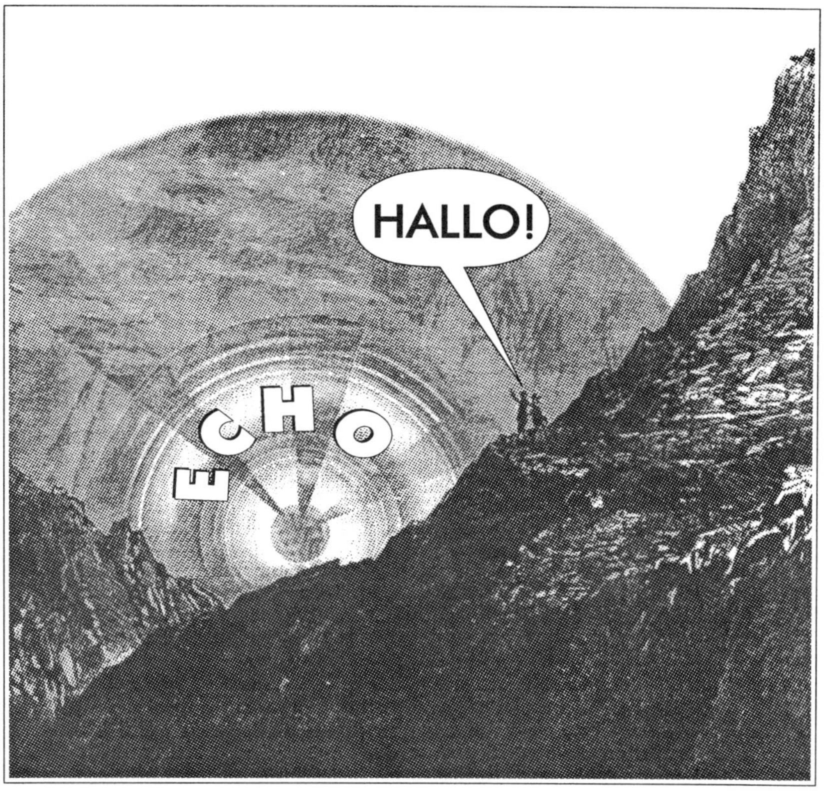

1. *Sie machen Ausflüchte.*
2. *Ich bin mir nicht sicher, ob Du meine Frage verstanden hast.*
3. *Ich finde es gut, daß Du mit offenen Karten spielst. Dann will ich auch offen zu Dir sein.*
4. *Das ist wirklich schäbig, wie Du Dich verhältst.*
5. *Ich bin böse auf Dich.*
6. *Mein Gott, bist Du empfindlich!*
7. *Du redest heute wieder mal ein wirres Zeug.*
8. *Du bist doch sonst wirklich ein guter Schüler.*
9. *Wenn Ihr soviel Lärm macht, bin ich wirklich ärgerlich.*
10. *Du solltest Dich mal bei Herrn Duden melden.*
11. *Ich kann nicht arbeiten, wenn ich erst eine Menge Sachen wegräumen muß, die liegengelassen worden sind.*
12. *Wenn ich unterbrochen werde, während ich etwas erkläre, ärgert mich das, weil ich dann viel mehr Zeit brauche, als ich vorgesehen habe.*

Aufgaben

1. Welche der 12 Sätze bringen angemessenes Feedback zum Ausdruck?
2. Formuliere die nicht angemessenen in angemessene Formen von Feedback um.

(aus: Kliebisch 1991b, 96)

Lösungsblatt zum Formulieren von Feedback

statt	besser
1. Sie machen Ausflüchte. ***Fehler:*** *Keine Ich-Aussage*	Ich habe den Eindruck, Sie machen Ausflüchte.
4. Das ist wirklich schäbig, wie Du Dich jetzt verhältst. ***Fehler:*** *Verallgemeinerung*	Wie Du Dich jetzt verhältst, finde ich nicht in Ordnung.
5. Ich bin böse auf Dich. ***Fehler:*** *Keine Aussage über das wahrgenommene Verhalten des Feed-back-Empfängers*	Ich bin böse auf Dich, wenn Du so schreist wie jetzt.
6. Mein Gott, bist Du empfindlich. ***Fehler:*** *Keine Ich-Botschaft, Wertung*	Ich wundere mich darüber, daß Du hier so empfindlich reagierst.
7. Du redest heute wieder mal ein wirres Zeug!	Ich finde das, was Du gesagt hast, ausgesprochen verwirrend.
8. Du bist doch sonst ein wirklich guter Schüler. ***Fehler:*** *Keine Ich-Botschaft, ironisierende Wertung, keine Aussage über ein konkret wahrnehmbares Verhalten.*	Ich finde es nicht so schlimm, daß Du dieses Mal schlechter abgeschnitten hast als sonst.
10. Du solltest Dich mal bei Herrn Duden melden! ***Fehler:*** *Keine Ich-Botschaft, indirekte Wertung, keine konkrete Angabe über tatsächlich beobachtetes Verhalten, ironische Wertung*	Ich finde es wirklich sehr schlimm, daß Du so viele Rechtschreibfehler machst.

(aus: Kliebisch 1991b, 97)

Gesprächsregeln nach TZI

1. Du bist der Herr deiner Entscheidungen. Daher bestimmst Du selbst, wann und wie Du Dich in einen Gesprächsprozeß einbringen möchtest.
2. Wenn Du Dich im Laufe eines Gesprächs durch das Verhalten anderer gestört fühlst, solltest Du das sagen und versuchen, die Störung so rasch wie möglich zu beseitigen.
3. Sprich stets in Eigenverantwortlichkeit ausdrückenden Ich-Sätzen, wenn Du eigene Auffassungen vertrittst. Verberge die Verantwortung für Deine Äußerungen nicht hinter Formulierungen wie: "Man sagt...", "Es ist so...", "Wir meinen...".
4. Wenn Du von jemandem etwas wissen willst, vermittle auch, warum Dich die Antwort auf Deine Frage interessiert, denn Fragen ohne echtes Informationsinteresse sind nur Mittel gruppeninterner Machtkämpfe.
5. Überlege dir gut, was Du sagst und wem Du es sagst. Was Du sagst, sage aufrichtig. Sich immer "auszuschütten", immer alles zu sagen, überfordert die Vertrauensbereitschaft der anderen.
6. Höre aufmerksam zu und vermeide, das Verhalten und die Aussagen der anderen Gesprächspartner zu interpretieren.
7. Wenn Dir das Verhalten eines anderen Gesprächsteilnehmers positiv oder negativ auffällt, teile ihm dies auf direktem Wege mit.
8. Wenn Du das Bedürfnis hast, mit Deinem Nachbarn zu sprechen, tu das sofort, denn es ist wichtig.
9. In einer Gruppe darf immer nur einer reden. Wenn es mehrere Wortmeldungen zur gleichen Zeit gibt, muß geklärt werden, wer wann sprechen soll.

(nach: Cohn 1991a u. b)

Zusammenarbeiten - Miteinander reden

Eine amerikanische Forscherin, Ruth Cohn, hat einmal gesagt, daß für eine gelungene Kooperation drei Dinge gleichberechtigt nebeneinander stehen müssen:

1. das **Individuum**, also das einzelne Gruppenmitglied,
2. die **Gruppe** und
3. das **Thema**, oder die **Sache**, um die es geht.

Was heißt das? Überlegt Euch mal ein paar Beispiele.

1. Stell' Dir vor, Du bist "das Individuum", von dem Ruth Cohn spricht. Wie sieht das konkret aus, wenn das Individuum, also Du, in der Gruppenarbeit zu kurz kommt? Oder andersrum: Fällt Dir eine konkrete Situation ein, in der das Gewicht eines oder mehrerer Individuen so groß wurde, daß die Sache, um die es eigentlich ging und die konstruktive Gruppenarbeit gefährdet waren?
2. Worin äußert es sich, wenn keine harmonischen oder zumindest sachlichen Beziehungen zwischen den Gruppenmitgliedern bestehen? Wie sprechen sie dann miteinander? Wie gehen sie mit der Sache, dem Thema um?
3. Ruth Cohn hat sich auch Gedanken über Gesprächsregeln für Gruppen gemacht. Wie sollten Menschen, die zusammen arbeiten, miteinander reden? Lies Dir das Gespräch zwischen A, B und C durch und schreibe auf die Rückseite, was Du davon hältst. Wer macht was falsch? Versuche danach, ein paar Regeln aufzustellen, die in einem vernünftigen Gespräch eingehalten werden sollten.
4. Sieh Dir das Foto an. Kannst Du an der Körperhaltung der Menschen ablesen, in welcher Art und Weise sie sich an dem Gespräch beteiligen?

Zu Frage 3:

A, B und C wohnen zusammen und wollen gemeinsam eine Zeitung abonnieren:

A: *Ich hätte am liebsten eine Tageszeitung, die über Politik, Kultur und auch viel über Sport berichtet.*
B: *Ich kann mir nicht vorstellen, was das für eine Zeitung sein soll.*
A: *Na ja, halt eine Zeitung, die nicht auf einen Bereich spezialisiert sein soll.*
B: *Und Du meinst, so eine Zeitung gibt es?*
A: *Man kann ja mal gucken.*
B: *Na, dann guck mal...*
A: *Du gehst mir echt auf die Nerven.*
B: *(zu C) Was hättest Du denn gerne für eine Zeitung?*
C: *Ach, ich find es auch gut, wenn von allem was drin ist. Aber mir ist das eigentlich nicht so wichtig. Abonniert mal, was ihr für richtig haltet.*
A: *Also viel Sport sollte schon drin sein, aber auch Politik und Kultur.*
B: *Na, wenn's weiter nichts ist: Eine Zeitung mit allem drin, oder wie? ...*

Bild: WDR/D. Krüger

Kooperation und Familie

Zusammenarbeit fängt in der Familie an. Die erste Vorstellung darüber, wie Menschen miteinander umgehen und damit auch den ersten Entwurf von Kooperation, erhält jeder Mensch in seiner Kindheit und Jugend zu Hause. Wir haben einige Abbildungen von verschiedenen Familien zusammengestellt.

1) um 1880

Bild: Eine Arbeiterfamilie

2) um 1900

Bild: Gemälde von A. Bürger, *Das ländliche Mahl;* eine wohlhabende Bauernfamilie

3) um 1965

Bild: Günter Zint, Pan-Foto; eine der ersten Wohngemeinschaften (WG) in Deutschland

4) 1987

Bild: Fairburn; eine alleinerziehende Mutter

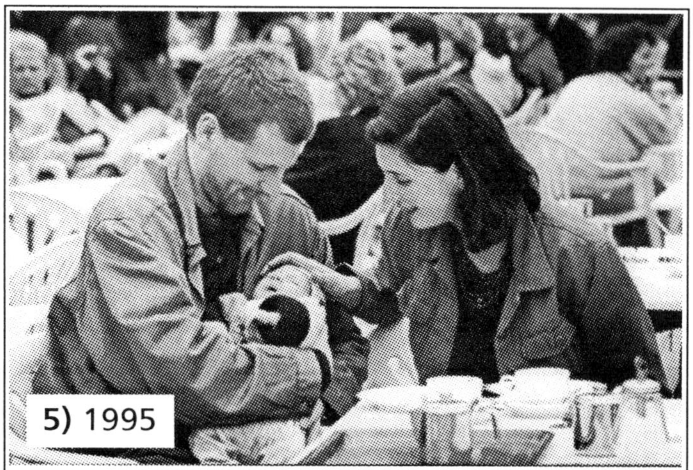

5) 1995

Bild: Frank Vinken; eine Kleinfamilie von heute

Kooperation und Familie

1. Zu welchem Bild passen die folgenden Aussagen und Begriffe am besten?

Bildnummer 1	2	3	4	5	
☐	☐	☐	☐	☐	➢ Wir kommen nur durch, wenn wir zusammenhalten.
☐	☐	☐	☐	☐	➢ Hier hat nur einer das Sagen.
☐	☐	☐	☐	☐	➢ Partnerschaft
☐	☐	☐	☐	☐	➢ Es kann nicht jeder machen, was er will.
☐	☐	☐	☐	☐	➢ Geborgenheit
☐	☐	☐	☐	☐	➢ Bei uns kann jeder seine Meinung sagen.
☐	☐	☐	☐	☐	➢ Sicherheit
☐	☐	☐	☐	☐	➢ Einer muß sagen, wo es lang geht, und die anderen haben zu spuren.
☐	☐	☐	☐	☐	➢ Wer hier seine Füsse unter den Tisch stellt, hat sich anzupassen.
☐	☐	☐	☐	☐	➢ Alle sind gleichberechtigt.
☐	☐	☐	☐	☐	➢ Vertrauen
☐	☐	☐	☐	☐	➢ Enge
☐	☐	☐	☐	☐	➢ Ich tu das alles nur für dich/euch.
☐	☐	☐	☐	☐	➢ "Wir", Zugehörigkeit
☐	☐	☐	☐	☐	➢ Herrschaft, Kontrolle
☐	☐	☐	☐	☐	➢ Der Vater ist das natürliche Familienoberhaupt.

2. Suche Dir zwei der Bilder aus und formuliere 5-10 Regeln, die im Alltag der abgebildeten Familien nach Deiner Einschätzung eine Rolle spielen.

3. Warum gab es vor 150 Jahren viel öfter als heute die Großfamilie, in der Großeltern, Kinder und Enkel, manchmal noch Urenkel unter einem Dach gelebt haben?

4. Wie wirst Du in Zukunft leben? Allein oder mit anderen, willst Du eine Familie gründen? Welche Regeln des Zusammenlebens sind Dir wichtig?

2.9 Staffellauf

Bei diesem Spiel muß eine Gruppe gemeinsam eine Geschicklichkeitsaufgabe lösen. Dabei ist von den Spielern gefordert,

- **sich in ihre Mitspieler hineinzuversetzen und ihr Handeln vorauszusagen,**
- **Entscheidungen gemeinsam zu treffen und zu verantworten,**
- **mit Konkurrenz- und Zeitdruck umzugehen.**

ab 12 Jahren

bis 15 Personen

a) ca. 20 - 30 Minuten für die Übung
b) ca. 20 Minuten für die Auswertung

Das Plenum wird in drei gleich große Gruppen aufgeteilt (Losverfahren!), in denen Paare gebildet werden. Die drei Mannschaften konkurrieren während des Spiels miteinander. Die Mannschaften stellen sich auf einer Seite des Übungsraums an der Startlinie auf.
Die ersten drei Paare erhalten jeweils ein Lineal (30 cm Länge) und eine (mittelgroße) Kartoffel, die Partner aller weiteren Paare erhalten zusammen pro Mannschaft ein Lineal (30 cm Länge).
Der eine Partner des ersten Paares jeder Mannschaft faßt das Lineal mit der linken, der andere mit der rechten Hand an. Die Kartoffel wird auf das Lineal gelegt.
Auf ein Startzeichen hin absolvieren die Paare danach so schnell wie möglich einen von Ihnen im Übungsraum vorbereiteten Parcours, der zum Startpunkt zurückführt. Wenn die Kartoffel dabei auf den Boden fällt, muß das Paar wieder am Startpunkt beginnen. Vom Start des ersten Paares an wird für jede Mannschaft die Zeit gemessen.
Am Start- und Zielpunkt warten die nächsten Paare der Mannschaften. Sie halten das zweite Lineal der Mannschaft in der beschriebenen Art und Weise. Kehrt das erste Paar der Mannschaft zum Start- und Zielpunkt des Parcours zurück, legt es die Kartoffel dem zweiten Paar auf sein Lineal, allerdings ohne daß die Kartoffel dabei mit den Händen berührt wird. Das zweite Paar absolviert anschließend den Parcours wie beschrieben.
Der Vorgang wird wiederholt, bis alle Paare den Parcours absolviert haben. Wenn das letzte Paar einer Mannschaft die Ziellinie überschreitet, wird die insgesamt von allen Paaren dieser Mannschaft benötigte Zeit gestoppt.

Grundsätzliches: s. S. 7, Einleitung 6b.

- Wie gut konnte ich mit meinem Partner kooperieren?
- Worin bestanden für mich besondere Schwierigkeiten bei der Bewältigung der Aufgabenstellung?
- Sind diese Schwierigkeiten während des Experiments bewältigt worden? Wenn ja, wie?
- Was habe ich empfunden, als die Kartoffel meinem Partner und mir (mehrfach) zu Boden fiel? War jemand "schuld"? Die Kartoffel, das Lineal, mein Partner oder ich ?
- Worauf muß man bei der Bewältigung der hier gestellten Aufgabe besonders achten?
- Was würden wir in Zukunft bei einer ähnlichen Aufgabenstellung anders machen?

Zunächst stellen Sie fest, welche Mannschaft am schnellsten war und damit den Wettbewerb gewonnen hat. Das anschließende Auswertungsgespräch kann im Plenum erfolgen.

Sie können das Spiel auf verschiedene Weise variieren und es damit für die Teilnehmer im Vergleich mit der Grundversion erleichtern oder erschweren:

- Einzelspieler absolvieren den Parcours anstelle der Paare.
- Beim Durchqueren des Parcours müssen die Spielteilnehmer ihre Arme gestreckt halten.
- Die Spieler dürfen während des Spiels nicht sprechen.
- Die Teilnehmer müssen beim Durchqueren des Parcours Hindernisse überwinden.
- Ein Partner muß beim Absolvieren des Parcours die Augen schließen.

2.9 Staffellauf

- Man wählt als Spielmaterialien einen Tischtennisschläger und -ball. Der Ball wird auf dem Schläger liegend durch den Parcours getragen.
- Man wählt als Spielmaterial statt einer Kartoffel einen Stift.
- Wenn die Kartoffel/der Ball/der Stift hinfällt, darf das Paar an der betreffenden Stelle den Lauf durch den Parcours fortsetzen. Es werden allerdings für die Mannschaft 15 Strafsekunden notiert.
- Bei der Übergabe darf die Kartoffel angefaßt werden.
- Bei jüngeren und/oder sehr ungeschickten Teilnehmern kann es sinnvoll sein, vor dem eigentlichen Übungsbeginn das Balancieren der Kartoffel eine Weile ohne Konkurrenzdruck proben zu lassen.

Molcho 1990; Kliebisch 1995; Vopel 1985b; Gudjons 1990

Sie sollten im Rahmen einer vertiefenden Auswertung vor allen Dingen darauf hinweisen, wie wichtig es für eine effektive Kooperation ist, daß sich die Partner, die zusammenarbeiten sollen, auch tatsächlich als ein Team verstehen. Denn nur mit echtem Teamgeist können kontraproduktive Verhaltensweisen wie egoistische Selbstdarstellung verhindert bzw. abgebaut werden.
Es sollte auch der Aspekt der Bewältigung von Mißerfolgen genauer in den Blick genommen werden. Vielfach ist nämlich in Alltagssituationen zu beobachten, daß Fehler im Arbeitsablauf bei den Betroffenen zu Irritationen in einem Ausmaß führen, welches das Erreichen des gesteckten Ziels unnötigerweise unmöglich macht. Diese Übung bietet einen Anlaß, mit den Teilnehmern ausführlich über ihr Kooperationsverhalten im Alltag und die damit zusammenhängenden Schwierigkeiten zu sprechen und für diesen Bereich nach möglichen, insbesondere praktikablen Verbesserungen zu suchen.

- Für jede Mannschaft sind 2 Lineale (30 cm Länge) und 1 (mittelgroße) Kartoffel erforderlich; alternativ kann das Spiel mit 4 Tischtennisschlägern und einem -ball durchgeführt werden.

Zusätzliches Arbeitsblatt:

- Arbeitsblatt: "Teamgeist" - Hier werden wichtige Bestandteile von Teamgeist erarbeitet: z.B. Offenheit und Ehrlichkeit.

Teamgeist

1. Wenn mehrere Menschen gemeinsam eine Aufgabe bewältigen wollen, brauchen sie TEAMGEIST. Aber was ist das eigentlich? Im Sport ist oft von Teamgeist die Rede. Aber Teamgeist ist in jeder Gruppenarbeit wichtig. Was verlangt Teamgeist vom Einzelnen? Welche Vorteile hat der Einzelne in der Teamarbeit? Schreibe mal die Dinge, die Dir dazu einfallen, auf die Rückseite dieses Arbeitsblattes.

Ein wichtiger Bestandteil von Teamgeist ist Offenheit. Im Team müssen alle ein "offenes Ohr" haben, d.h. wirklich zuhören und versuchen nachzuvollziehen, was der andere sagt. Aber man muß auch selbst den Mund aufmachen, d.h. wirklich offen sagen, was man denkt, was man von Beiträgen der anderen hält. Es gibt zwei Verhaltensweisen, die in einer Gruppe bald jeden Teamgeist kaputt machen: das 'Schönreden' und das 'Motzen'.

Schönreden	Motzen
Etwas Unangenehmes wird in angenehmen Worten ausgedrückt, um Harmonie vorzutäuschen, wo eigentlich ein Konflikt vorliegt.	Konkrete Dinge werden allgemein kritisiert. Unlust wird in prinzipieller Kritik ausgelebt. Kritik wird pauschal und destruktiv vorgetragen, anstatt präzise und konkret, also konstruktiv.
Beispiele:	
"Das hast Du schön gesagt, vielleicht können wir das später nochmal aufgreifen." ***Meint aber:*** *Die Äußerung bringt uns überhaupt nicht weiter, hoffentlich gerät sie in Vergessenheit.*	"Du redest doch sonst nicht so einen Schwachsinn." "Das bringt doch alles nichts." "Es wäre sinnlos, Dir das jetzt zu erklären."

2. Genauso schlecht wie das Schönreden und das destruktive Motzen ist es für den Teamgeist allerdings, nichts zu sagen, also sich einfach der Gruppe zu verweigern. Wahrscheinlich haben wir alle uns in der Gruppe schon so verhalten. Aber warum verhalten wir uns manchmal so, wenn wir im Team arbeiten? Es läßt sich nicht immer sagen, daß dabei ein Gruppenmitglied schuld ist. Sein Verhalten kann z.B. auch eine Reaktion auf die Arbeitsweise der Gruppe sein. Welche Ursachen für das Motzen und die Verweigerung kannst Du Dir vorstellen? Sagen Dir die Begriffe Vertrauen, Sicherheit, Zuwendung und Anerkennung in dem Zusammenhang etwas?

Verweigerung	Motzen

3. Welchen Zweck verfolgt das "Schönreden"? Was geschieht, wenn es den anderen in der Gruppe auffällt? Was kann dabei kaputt gehen? Notiere Deine Antwort auf der Rückseite.

2.10 Rückwärts

Bei diesem Geschicklichkeitsspiel für Paare geht es darum, mit Einfühlungsvermögen die Bewegungsabläufe zweier Spieler aufeinander abzustimmen. Besonders wichtig wird dabei:

- **die Fähigkeit, einen zu zweit koordinierten Bewegungsablauf an seine Durchführbarkeitsgrenze zu führen,**
- **die Einsicht in behutsames Verhalten zu gewinnen,**
- **Vertrauen zum Mitspieler zu entwickeln,**
- **sich intensiv in die Bewegungsabläufe des Partners zu versetzen.**

ab 12 Jahren

bis 16 Personen

a) ca. 10 Minuten für das Spiel
b) ca. 15 Minuten für die Auswertung

Für "Rückwärts" wird das Plenum in Paare aufgeteilt (Losverfahren!), die sich in angemessenem Abstand zueinander im Raum verteilen. Die Partner stellen sich in Armeslänge, mit leicht gegrätschten Beinen und durchgedrückten Knien einander gegenüber. Bei ausgestreckten Armen liegen ihre Handflächen auf den Schultern ihres Partners.
Die Aufgabe besteht für die Partner darin, zugleich langsam rückwärts zu gehen und so den Abstand der Beinpaare zueinander zu vergrößern. Dabei bleiben aber die Hände immer auf den Schultern des Mitspielers. Ziel ist es, die größtmögliche Entfernung der Beinpaare zu erreichen, ohne daß die Partner dabei aus dem Gleichgewicht geraten.
Zur Vertiefung des Zusammenhangs von Vertrauen/Abhängigkeit und Kooperation kann das Arbeitsblatt "Katze & Fuchs" (s. S. 83) gut eingesetzt werden. Die Idee zu diesem Spiel hat ihren Ursprung in der Erzählung von Pinocchio: Dort sind die Katze und der Fuchs zwei kleine Gauner. Der eine ist blind, der andere lahm (ob sie nur so-tun-als-ob, ist für uns nicht so wichtig). Keiner von beiden wäre mit seiner Behinderung alleine fähig zu überleben: Gemeinsam aber - der Blinde stützt den Lahmen, der Lahme weist dem Blinden den Weg - kommen sie zurecht. Für das Spiel werden Paare gebildet: Ein Spieler hat während des gesamten Spiels die Augen geschlossen, der andere sitzt regungslos auf dem Boden in der Ecke. Irgendwo im Raum liegt ein Stück Brot. Der "Lahme" leitet den "Blinden" zum Brot, indem er ihm genau sagt, welche Bewegungen in welche Richtungen er zu machen hat. Anschließend leitet er den "Blinden" zu sich. Der Durchlauf ist beendet, wenn der "Blinde" dem "Lahmen" das Stück Brot in den Mund gesteckt hat. Danach tauschen beide Spieler ihre Rollen. Der Raum sollte Hindernisse wie Tische und Stühle o.ä. enthalten.

Grundsätzliches: s. S. 7, Einleitung 6b.

- Habe ich die Tatsache, daß mein Gleichgewicht und meine Stabilität auch vom Verhalten meines Partners abhängig waren, als unangenehm oder sogar gefährlich empfunden?
- Wie genau konnte ich mich auf meinen Partner einstellen?
- Welche Schwierigkeiten hat es zwischen meinem Partner und mir in bezug auf die Koordination unseres Vorgehens gegeben?
- Wie haben wir diese Probleme gelöst?
- Wovon hängt nach meiner Meinung die Bewältigung der gestellten Aufgabe im wesentlichen ab?

Die Paare berichten zunächst reihum über ihre Erfahrungen mit der Übung. Die weitere Auswertung kann dann im Plenumsgespräch erfolgen.

Rückswärts

Man kann die Übung schwieriger gestalten, indem man für die Zeit ihrer Durchführung ein Sprechverbot verhängt.
Der Raum sollte möglichst groß sein und Teppichboden haben. Abhängig von der Raumgröße und der Zahl der Teilnehmer kann es sinnvoll sein, nicht alle Paare gleichzeitig die Übung durchführen zu lassen.

Insbesondere bei jüngeren Teilnehmern müssen Sie behutsam vorgehen, um möglichen Verletzungsgefahren bei zu hohem körperlichen Einsatz der Gruppenmitglieder vorzubeugen.
Die Übung eignet sich ausgezeichnet als aktivierendes Element zu Beginn von Arbeitsphasen. Wird sie so eingesetzt, kann man ohne weiteres auf eine Auswertung verzichten.

Zum Arbeitsblatt: "Katze & Fuchs"

Zwei oder sogar mehrere Paare in einem Raum zur gleichen Zeit spielen zu lassen, ist nicht sinnvoll, da die "Blinden" sich in die Quere kommen und die Anweisungen der "Lahmen" kaum mehr zu unterscheiden sind. Das bedeutet für Gruppen mit mehr als 10 Teilnehmern leider meist, daß nicht alle drankommen können, da es einfach zu lange dauern würde. Das ist aber nicht so schlimm wie bei anderen Spielen, da schon beim Zuschauen die oben angedeuteten Aspekte (Abhängigkeit, Vertrauen, Einfühlungsvermögen) nachvollziehbar sind. Findet das Spiel in einer kleinen Gruppe statt, so daß alle Paare drankommen, kann einer Plenumsdiskussion die paarweise Beantwortung der Auswertungsfragen auf dem Arbeitsblatt vorgezogen werden. Haben in einer großen Gruppe nur manche aktiv gespielt, können aber erfahrungsgemäß auch die "Zuschauer" mit Gewinn an der Plenumsdiskussion teilnehmen.

Vopel 1984a u. 1986a; Kliebisch 1995; Grom 1976; Gudjons 1990

Rückwärts

Das Spiel verfehlt rasch seinen Zweck, wenn die jeweiligen Partner zu rasch und zu weit rückwärts gehen und damit einander aus dem Gleichgewicht bringen und zum Aufgeben zwingen.
Sinn einer vertiefenden Auswertung kann es daher sein, durch das Experiment zu veranschaulichen, wie wichtig es für koordiniertes Vorgehen (= Kooperation) ist, genau aufeinander zu achten und die Möglichkeiten des anderen mit seinen eigenen in Einklang zu bringen und davon wiederum das eigene Vorgehen abhängig zu machen. Auch wenn ein solches Procedere zunächst zeitraubender erscheint, stellt es doch das Gelingen gemeinsamen Tuns viel eher sicher, als dies überschnelle Reaktionen vermögen.
In jedem Fall sollten Sie am Ende des Auswertungsgesprächs mit den Teilnehmern darüber nachdenken, welche praktischen Konsequenzen für den Alltag aus den Erfahrungen mit dem Experiment abzuleiten sind (Transfer!).

Zum Arbeitsblatt: "Katze & Fuchs"

Während ein Paar spielt, sollten alle anderen Gruppenmitglieder entlang der Wände des Raumes stehen und ruhig sein. Sie müssen den Gedanken vermitteln, daß man sich, wenn man die Augen schließt auch gewissermaßen "ausliefert". Es soll so vermieden werden, daß die "Blinden" ausgelacht werden, denn dann scheitert "Katze & Fuchs" und wird zum bloßen Party-Gag.
Dieses Spiel ist besonders geeignet, Gedanken über Kooperation im Alltag anzuregen. Auch jüngeren Teilnehmern dürfte dieser Transfer nicht schwer fallen.

Zusätzliches Arbeitsblatt:

- Das Arbeitsblatt: "Katze & Fuchs" enthält ein Spiel, in dem Paare einiges über die Kooperationsaspekte Abhängigkeit und Vertrauen erfahren. Als Material benötigen Sie nur ein paar Stücke Brot.

Katze & Fuchs

Vielleicht kennt Ihr die Geschichte von Pinocchio. Er trifft unterwegs die Katze und den Fuchs. Die beiden ziehen gemeinsam umher, weil der Fuchs lahm und die Katze blind ist. Alleine würden beide schnell "vor die Hunde gehen." Sie kommen nur weiter, weil die Katze den Fuchs stützt und der Fuchs der Katze den Weg weist.
Ihr nehmt jetzt abwechselnd die Rolle der Katze bzw. des Fuchses ein. Der lahme Fuchs sitzt während des Spiels nur in der Ecke, die Katze hat die ganze Zeit die Augen geschlossen.

Die blinde Katze und der lahme Fuchs treffen Pinocchio.
***Illustr.**: Attilio Mussino*

◎ Einigt Euch zuerst, wie Ihr im ersten Durchgang die Rollen verteilen wollt.
Der Fuchs hat die Aufgabe, die blinde Katze nur durch seine Anweisungen zu einem Stück Brot zu leiten, das irgendwo im Raum liegt. Die Katze weiß natürlich nicht, wo es liegt! Wenn die Katze das Brot in der Hand hält, muß der Fuchs sie zu sich zurück leiten. Der Fuchs hat seine Aufgabe erfüllt, wenn die Katze ihm mit geschlossenen Augen das Brot in den Mund gesteckt hat.

Beantwortet zusammen folgende Fragen:

1. Wie habe ich es empfunden, "blind" den Anweisungen zu gehorchen?
   Was ist das für ein Gefühl, "regungslos" jemand anders schicken zu müssen, um ein Stück Brot zu kriegen?
2. Ist es mir leicht gefallen, präzise Anweisungen zu geben?
3. Was hältst Du von folgenden Aussagen:
   - Kooperation ist ohne Vertrauen nicht möglich.
   - Kooperation ist ohne Abhängigkeit nicht möglich.
4. Welche konkreten Situationen fallen Dir zu dem Spiel ein?
5. Es gibt oft solche extremen Abhängigkeiten wie hier zwischen Katze und Fuchs. Aber was ist mit der alltäglichen Abhängigkeit von unseren Mitmenschen? Wir sind abhängig davon, daß der Bus morgens kommt, ebenso wie wir davon abhängig sind, daß unsere Mitmenschen kooperativ sind, wenn wir irgendwo Schlange stehen oder einfach Auto fahren. Welche anderen alltäglichen Situationen fallen Dir ein, in denen wir - fast ohne es zu merken - mit anderen kooperieren, von ihnen auch ein wenig abhängig sind und ihnen auch Vertrauen entgegenbringen?

"Entscheidend ist nun die Frage, wieweit
die objektiv vorhandenen Festlegungen
des Verhaltensspielraums einer Person,
die durch allgemeine Rechtsnormen
aber auch beispielsweise durch freiwillig
abgeschlossene Verträge vorliegen, im
kognitiven System subjektiv repräsentiert
sind. Davon hängt ab, wie eine Person
bestimmte Ereignisse wahrnimmt
und welche Schlußfolgerungen
sie daraus zieht."

Neubauer 1988b, 64

So manches Elternpaar und so mancher Lehrer wissen ein Lied davon zu singen: Viele Jugendliche wissen nichts mit sich und ihrem Leben anzufangen, haben Schwierigkeiten, ihren Standort in dieser Gesellschaft zu bestimmen und leiden unter dem Fehlen jeglicher verbindlicher Koordinaten von "oben" und "unten", "gut" und "böse". Viele Jugendliche fühlen sich überfordert in einer individualistischen Gesellschaft, die zudem mit dem Ende des globalen Ost-West-Konflikts ihre klaren politischen Orientierungen verloren zu haben scheint. Universelle Wertesysteme - seien es moralische, politische oder religiöse - gibt es nicht mehr. Das Stimmengewirr der Meldungen und Meinungen aus immer mehr Zeitungen, Zeitschriften, Radio- und Fernsehkanälen leistet mit seinem Informationsüberfluß keine "Aufklärung", sondern entwirft im Verband mit computergestützter Unterhaltung eine künstliche Gegenwelt. Virtuelle Erfahrung ersetzt Lebenserfahrungen. Dabei entsteht den Jugendlichen nicht selten ein Weltbild, daß ihnen keinerlei Orientierung und keine Zuverlässigkeiten mehr bieten kann. Auch das Bewußtsein für ihre Werthaltungen ist ihnen damit oft verloren gegangen. Dabei besteht ein Zusammenhang mit dem Problem vieler Erwachsener, kein überzeugendes Wertesystem mehr zu besitzen und vorleben zu können. Vor diesem Hintergrund wird der Ruf nach Besinnung auf alte und vor allem stabile, Zeitfragen und Trends überdauernde Werte immer lauter und zugleich verständlicher. Andere Stimmen plädieren dagegen für die Formulierung neuer, zeitgemäßer Werte. Der Rückgriff auf historische Wertesysteme kann nicht die Lösung sein.

Die pädagogische Praxis muß sich dieser aktuellen Problematik stellen. Auf verschiedenen Wegen kann eine Auseinandersetzung um Werthaltungen mit Heranwachsenden geführt werden. Sinn der Übung kann nicht sein, bestimmte Werte zu vermitteln. Es geht eher darum, die grundsätzliche Bedeutung von Werthaltungen zu vermitteln und Hilfestellung bei der Erarbeitung oder manchmal auch nur Bewußtmachung persönlicher Werthaltung zu geben.

Die Durchführung von Interaktionsspielen zum Thema "Werthaltungen" stellt in diesem Zusammenhang eine vergleichsweise leicht umzusetzende und geeignete Maßnahme dar.

Die in diesem Kapitel vorgestellten Übungen können ein erster Schritt der Hilfe in Richtung auf das angestrebte Ziel der Wiederherstellung einer stabileren, wenngleich ohne Zweifel nicht starren Werteordnung sein. Die Spiele berücksichtigen zum Teil recht unterschiedliche Einzelaspekte des Themenfeldes: So sollen die Gruppenmitglieder sich mit Hilfe der hier beschriebenen Experimente ihrer eigenen Werthaltungen bewußt(er) werden oder diese entwickeln und argumentativ vertreten. Gefördert wird weiterhin die Fähigkeit zur kritischen Überprüfung individueller Überzeugungen, zur Verhandlung und zur Konsensbildung in der Gruppe. Schließlich soll möglichst lebensnah geübt werden, mit fremden, den persönlichen Auffassungen widersprechenden Normmustern tolerant und offen umzugehen.

Der den Spielen zugrunde liegende Werte-Begriff wurde sehr weit gefaßt. In verschiedenen Spielen und auf manchen Arbeitsblättern stehen Ausdrücke zusammen, die sowohl als Werte, als auch als Tugenden, Normen oder Bedürfnisse definiert werden könnten. Auf eine trennscharfe und allgemeingültige Definition dieser Begriffe konnte im übergreifenden Zusammenhang von Werthaltungen verzichtet werden. Aber um eine verläßliche Gesprächsgrundlage zu haben (gerade wenn Sie das erste Mal in diesem Themenbereich mit einem Klassenverband/einer Gruppe arbeiten), ist es trotzdem sehr sinnvoll mit dem Arbeitsblatt "Was sind Werte? Welche Funktion haben Werte?" (s. 3.1) und der Folienvorlage zur Herkunft von Werten (s. 3.7) zu beginnen. Auch das Arbeitsblatt "Lüge: 'Ich lüge nie.' " (s. 3.6) mit seinem sehr konkreten Alltagsbezug ist als Einstiegsarbeitsblatt in die Werte-Thematik geeignet.

Wenn Sie bei der Durchführung einzelner Spiele im Themenbereich "Werthaltungen" erkennen, daß die Teilnehmer auf diesem Gebiet noch mit erheblichen Defiziten zu kämpfen haben, kann es zur grundsätzlichen Bestimmung des Themas und zur Schaffung einer gemeinsamen Basis in der Gruppe sehr lohnend sein, den "Fragebogen: Werthaltungen" (Kap. 1.2.) einzuschieben und auf diesem Wege zunächst Grundsätzliches anzusprechen, bevor man mit spezifischen Übungen fortfährt.

3.1 Werte-Handel

In diesem Spiel werden hohe Anforderungen an die Diskutierfähigkeit bzw. -bereitschaft der Spieler gestellt und folgende zentrale Fragen des Themenkomplexes Werthaltungen berührt:

- **Hierarchisierung von Werten,**
- **Auseinandersetzung um Werte,**
- **Fragen nach der Bedeutung der erlebten Werte-Auseinandersetzung für das alltägliche Leben mit anderen Menschen.**

ab 16 Jahren

bis 20 Personen

a) ca. 45 Minuten für die Übung
b) ca. 45 Minuten für die Auswertung

Sie bereiten im Vorfeld für jeden Spieler einen Umschlag vor, der folgendes enthält:

- 10 beliebige Werte (auch doppelte sind möglich) von den auf M 3 gegebenen 30 Werten (Kopiervorlage M 1),
- 2 Millionen Franken Spielgeld (Kopiervorlage M 2).

Zu Beginn des Spiels legen Sie den Teilnehmern die Werte-Liste M 3 mit den 30 Werten vor. Jedes Gruppenmitglied stellt danach - hierarchisch geordnet - für sich aus der Werte-Liste 6 Werte zusammen (ca. 5 Minuten). Dann gibt jeder Spieler jedem Wert den Preis, den er für angemessen hält. Zusammen dürfen seine 6 Werte 3 Millionen Franken kosten: z.B. können alle sechs Werte 500 000 Franken kosten oder der erste Wert kostet 2 Millionen Franken und die fünf weiteren kosten jeweils 200 000 ...

Jeder Teilnehmer vergleicht zunächst die 10 erhaltenen Werte-Scheine mit seiner eigenen Wertehierarchie.

Ziel der Übung ist es, möglichst all jene Werte zu erwerben, die auf der persönlichen Werteliste stehen, aber nicht im Umschlag waren. Dazu wird mit den Mitgliedern der eigenen Gruppe um die Werte-Scheine verhandelt. Werte, die ein Spieler nicht auf seiner Liste hat und mit keinem Mitspieler tauschen kann, kauft die Spielbank zum Einheitspreis von 500 000 Franken auf. Für die Verhandlung in der Gruppe stehen 20 Minuten zur Verfügung. Gewonnen hat zum Schluß die Gruppe mit den meisten Übereinstimmungen zwischen den eigenen Werte-Listen und den vorhandenen bzw. gekauften Werte-Scheinen.

Grundsätzliches: s. S. 7, Einleitung 6b.

- Ist es mir leicht gefallen, zu entscheiden, welche 6 Werte mir am wichtigsten sind?
- Habe ich mir schon jemals über so etwas Gedanken gemacht?
- Haben alle mehr oder weniger die gleichen Werte in ihre Liste aufgenommen, oder waren die persönlichen Listen mit den 6 Werten sehr unterschiedlich?
- War ich über meine eigene Liste, als ich sie schließlich fertig, hatte überrascht? Haben mich die Listen der anderen überrascht?
- Wie habe ich den Handel erlebt? War es sinnvoll, einem Wert einen Preis zuzuordnen?
- Kann ich mir eine Lebens-Situation vorstellen, in der ich einen mir wichtigen Wert "verkaufe" oder vielleicht "verkaufen muß"?
- Hatte ich schon mal das Gefühl, ich hätte "mich" verkauft? Habe ich schon mal erlebt, wie jemand anderes "sich" verkauft hat? Welche Werte waren in diesen Situationen betroffen?

Nachdem Sie die Umschläge ausgeteilt haben und in den Gruppen der Werte-Handel durchgeführt wurde, erfolgt die Auswertung im Plenum. Die Auswertungsphase sollte nicht kürzer sein als das Spiel, da es hier erfahrungsgemäß zu intensiven Diskussionen kommt. Sie müssen darauf achten, daß das Spiel nicht zuviel Zeit in Anspruch nimmt.

Die Frage, was ein Wert ist, ist kaum allgemeinverbindlich zu beantworten (s. S. 86). Insofern stellen die auf M 3 aufgeführten Begriffe sicher eine sehr subjektive Auswahl dar. Einige davon würden Sie vermutlich nicht als Werte definieren. Es ist Ihnen selbstverständlich unbenommen, dem Spiel eine eigene Li-

ste zugrunde zu legen. Wir denken aber, daß die vorliegende Liste geeignet ist, eine intensive Auseinandersetzung mit der Werte-Thematik anzustoßen. Mehr als ein solcher Anstoß soll sie nicht sein.
Die Teilnehmer dürfen für eine ernsthafte Auseinandersetzung um die jeweiligen Werthaltungen nicht zu jung sein. Das Spiel läßt sich natürlich problemlos in vielfacher Hinsicht variieren und damit für die Gruppenmitglieder auch erschweren bzw. erleichtern, z.B.:

- durch Verkleinerung der Werte-Listen,
- durch Reduzierung bzw. Vermehrung der Zahl der Werte-Scheine,
- indem jeder Gruppe ein anderer Querschnitt durch die Werte-Scheine ausgehändigt wird,
- indem die Werte-Scheine für jede Gruppe in gleicher Weise ausgeteilt werden,
- indem die vorgegebenen oder auch andere bzw. zusätzliche Werte mehr als einmal ins Spiel gebracht werden usw.

Kirsten/Müller-Schwarz 1983;
Birkenbihl 1973; Huberich/Huberich 1979;
Orlick 1982; Kliebisch 1995;
Vopel 1986d u. 1983

Das Spiel vereint eine Reihe von Aspekten im Zusammenhang mit dem Thema "Werte". Jeder dieser Gesichtspunkte kann zum Gegenstand eines vertiefenden Auswertungsgesprächs gemacht werden:
Die Teilnehmer können sich über ihre jeweiligen Wertehierarchien unterhalten und dabei ausführlich begründen, weshalb sie bestimmte Werte bzw. Werthaltungen als so wichtig ansehen. Auch die Frage, inwieweit überhaupt die Beziehung zwischen Werten und Geld realistisch, sinnvoll oder nicht bereits problematisch ist, kann erörtert werden. Sie sollten unbedingt mit den Teilnehmern darüber reden, welche praktischen Konsequenzen in bezug auf ihren Alltag sich für sie aus den Spielerfahrungen ergeben (Transfer!).

Es kann vorkommen, daß einige Spieler sich überfordert fühlen mit dem Auftrag, eine Hierarchie der für sie wichtigen Werte aufzustellen. Das ist durchaus beabsichtigt bzw. läßt sich gar nicht vermeiden, wenn sich die Teilnehmer noch nie die Frage nach Werten gestellt haben. Umso wichtiger ist es aber, daß dieses Gefühl der Überforderung in der Auswertungsphase thematisiert wird.
Wenn die Zeit zur Verfügung steht und die Teilnehmer das nötige Abstraktionsniveau haben, kann folgender Gesichtspunkt zum Abschluß der Auswertung berücksichtigt werden: Nachdem die Teilnehmer ihre persönlichen Werte diskutiert haben, können Sie darüber nachdenken, ob sie diese Werte auf größere Einheiten - Schule, Wohngemeinschaft, Betrieb, Staat ... - übertragen würden oder ob solchen eher abstrakten Gebilden Wertehierarchien ganz eigener Art zugrunde liegen.

- M 1 - insgesamt 50 Werte-Scheine; ein Wert (Leben) kommt fünfmal, 8 Werte kommen dreimal, der Rest einmal vor (eine beliebige andere Zusammenstellung ist möglich!)
- M 2 - Geld-Scheine (ca. fünfmal kopieren!)
- M 3 enthält als Auswertungsblatt eine Liste der 30 verwendeten Werte, sowie das Formblatt für die individuelle Werte-Liste der Teilnehmer.
- M 4 - Auswertungsbogen für die Gruppenergebnisse

Zusätzliche Arbeitsblätter:

- Arbeitsblatt: "Was sind Werte? Welche Funktion haben Werte". Das Arbeitsblatt führt mit drei kurzen Texten und einigen Arbeitsaufträgen in das abstrakte Reich der Werte ein.
- Das Arbeitsblatt: "Herkunft von Werten" setzt sich mit der Entstehung und zeitlichen Bedingtheit bzw. Zeitlosigkeit von Werten auseinander. Auch die Differenzierung von individuellen und kollektiven Werten spielt dabei eine Rolle.

3.1 Werte-Handel — M1

Leben	Leben
Leben	Leben
Leben	Nahrung
Nahrung	Nahrung
Gleichheit	Gleichheit

Gleichheit

Frieden

Frieden

Frieden

Gerechtigkeit

Gerechtigkeit

Gerechtigkeit

Selbständigkeit

Selbständigkeit

Selbständigkeit

3.1 Werte-Handel — M1

Liebe	Liebe
Liebe	Reichtum
Reichtum	Reichtum
Hoffnung	Hoffnung
Hoffnung	Willensstärke

Freunde	Treue
Selbstsicherheit	Ausdauer
Geschick	Mut
Weisheit	Gelassenheit
Freude	Glück

Beruf

Familie

Selbst-
beherrschung

Sicherheit

Phantasie

Vernunft

Gefühl

Vertrauen

Verantwortung

Glaube

100.000	100.000
100.000	100.000
200.000	200.000
200.000	200.000
300.000	300.000

300.000

300.000

400.000

400.000

400.000

400.000

400.000

400.000

500.000

500.000

500.000	500.000
600.000	600.000
600.000	600.000
600.000	600.000
800.000	800.000

3.1 Werte-Handel — M2

800.000	800.000
800.000	800.000
1.000.000	1.000.000
1.000.000	1.000.000
1.000.000	1.000.000

Werte-Liste

Alle im Spiel benutzten Werte in alphabetischer Reihenfolge:

Ausdauer	Glaube	Selbstbeherrschung
Beruf	Gleichheit	Selbstsicherheit
Familie	Glück	Selbständigkeit
Freude	Hoffnung	Sicherheit
Freunde	Leben	Treue
Frieden	Liebe	Verantwortung
Gefühl	Mut	Vernunft
Gelassenheit	Nahrung	Vertrauen
Gerechtigkeit	Phantasie	Weisheit
Geschick	Reichtum	Willensstärke

Individuelle Werte-Liste

1. Platz: ______________________________

2. Platz: ______________________________

3. Platz: ______________________________

4. Platz: ______________________________

5. Platz: ______________________________

6. Platz: ______________________________

Auswertungsbogen

Gruppe ______________________

Mitglieder 1. ______________________

2. ______________________

3. ______________________

4. ______________________

5. ______________________

Spieler 1: ____________ Übereinstimmungen

Spieler 2: ____________ Übereinstimmungen

Spieler 3: ____________ Übereinstimmungen

Spieler 4: ____________ Übereinstimmungen

Spieler 5: ____________ Übereinstimmungen

Gesamt: ____________ Übereinstimmungen

Rangplatz der Gruppe: ☐

Was sind Werte?
Welche Funktion haben Werte?

Werte kann man nicht anfassen. Sehr viele Menschen haben versucht zu klären, was Werte genau sind und was sie nicht sind. Es gibt aber keine endgültige Definition. Lies Dir diese (kleine) Sammlung von Beschreibungen durch:

A. Wohin wir blicken: Werte. Als Einladung, Verlokkung, Verpflichtung. Ständig wählen wir, ziehen das eine dem andern vor. Wie Leuchtzeichen säumen die Werte die Straßen menschlichen Sollens. "Du sollst Deinen Nächsten lieben wie Dich selbst." Für Christen ist Nächstenliebe ein Grundwert. Die Freiheit des einzelnen, seine Würde und seine Gleichberechtigung mit allen seinen Mitbürgern sind demokratische Grundwerte.

nach: Otto F. Best, Frankfurter Rundschau 22.7.1995

Die Fahne der St. Sebastianus-Schützenbruderschaft Lohausen e.V.

B. Werte beschreiben das Verhalten der Menschen, wie es aus Sicht der Gesellschaft zu wünschen wäre. Es sind die grundsätzlichsten Spielregeln für das menschliche Zusammenleben. Sie sind aber nirgendwo aufgeschrieben und gegen sie zu verstoßen, ist meist nicht direkt strafbar. Werte sollen verhindern, daß Konflikte zwischen einzelnen oder Gruppen die Gemeinschaft insgesamt zerstören. Gemeinschaft oder Gesellschaft gibt es nur durch Werte. Dadurch, daß Menschen dieselben Werte anerkennen, werden sie erst integriert, empfinden sie sich erst als Gemeinschaft.

Was sind Werte?
Welche Funktion haben Werte?

C. Die Natur folgt den Naturgesetzen, ohne einen Sinn für 'Gut' und 'Böse'. Wenn der Blitz in einen Baum einschlägt, ist das ebenso wertneutral wie wenn ein Wolf ein Schaf reißt. Die Geschichte der Menschen ist dagegen leitenden Werten folgende Kultur. Bundeskanzler Helmut Kohl meinte 1994, daß sich das "Verlangen der Menschen und Völker nach einem Leben in Freiheit, Gerechtigkeit und Solidarität als prägende Kraft der Geschichte erwiesen hat." Würden Menschen nicht in Anerkennung bestimmter Werte zusammenleben, dann lebten sie wie die Tiere. Wer bestimmte Werte anerkennt und danach lebt, überwindet damit die Herrschaft der Instinkte, die alle Tiere steuert.

1) Schreibe Dir die Werte raus, die Du in den drei Texten finden kannst. Wenn Dir dabei noch andere Werte einfallen - ähnliche, ergänzende oder sogar gegensätzliche - schreibe sie dazu.

2) In der Vorstellung von Otto F. Best (Text A) sind Werte "Leuchtzeichen", die uns die Orientierung zu einem 'guten' und 'richtigen' Leben ermöglichen. Könntest Du solche "Leuchtzeichen" für Deinen Lebensweg benennen? Was ist Dir wichtig im Leben? Was würdest Du Deinen Mitmenschen nie antun?

3) Suche Dir zwei Werte aus, die Du bei der ersten Frage aufgeschrieben hast. Jetzt überlege, welche Folgen die Anerkennung dieser Werte ganz praktisch im alltäglichen Leben haben kann. Welche praktischen Folgen hätte es, wenn eine Gesellschaft diese Werte gar nicht hätte?

Herkunft und Legitimation von Werten

Lies die folgenden Texte.

A. Es gibt keine ewigen Werte. Kein Mensch wird mit Werten im Kopf geboren. Wie ein Mensch sich in Konfliktsituationen entscheidet, welche Einstellungen er hat, hängt ab von den Werten, die seine Familie, seine Schicht und seine Gesellschaft ihm v.a. in der Kindheit vermittelt haben. Deswegen hat jeder Mensch - zumindest zum großen Teil - eine ganz persönliche Wertehaltung, die er dann aber sein Leben lang behält.

B. Werte sind ewig. Alle Werte beziehen sich letztlich auf Gott und die Vorstellung vom 'Jüngsten Gericht', wo alle Menschen endgültig von ihrem Leben Rechenschaft ablegen müssen. Warum sollten sich Menschen sonst Werten verpflichten, wenn sie nicht Ehrfurcht vor Gott und seiner Schöpfung hätten? Johann Wolfgang von Goethe meinte daher, es sei "das eine, wovon abhängt, damit ein Mensch im vollen Sinne Mensch wird: Ehrfurcht." Auch wenn sich die äußeren Lebensumstände ändern, behalten die christlichen Werte ihre Gültigkeit, genauso wie die zehn Gebote zeitlos gelten.

C. Werte verändern sich mit dem geschichtlichen Wandel, mit dem technischen Fortschritt und neuen Lebensformen. Werte sind nur vor einem bestimmten gesellschaftlichen Hintergrund sinnvoll. Verändert die Gesellschaft (und Wirtschaft, Technik etc.) sich, veralten bestimmte Werte, werden nutzlos. Aber auch der einzelne Mensch verändert seine Werthaltung entsprechend den Umständen seines Lebens. Jeder hat mit 20 Jahren andere Werte als fünfzig Jahre später mit 70. Jedes einschneidende Erlebnis (Krieg, Tod, Liebe, Enttäuschung, Erfolg etc.) bestätigt, zerstört oder verändert Teile der bestehenden Werthaltung.

Herkunft und Legitimation von Werten

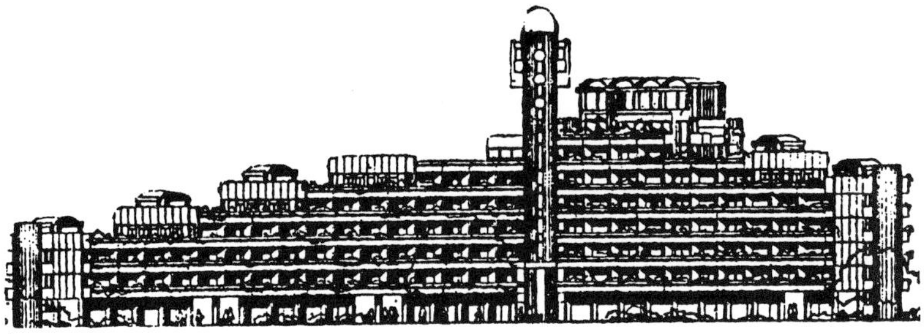

D. Zumindest die grundsätzlichen Werte bleiben immer gleich. Das liegt daran, daß sie natürliche Bedürfnisse des Menschen zum Ausdruck bringen. So entspringen dem Grundbedürfnis nach Sicherheit Werte wie: Gerechtigkeit, Toleranz und Gewaltlosigkeit. Dem Grundbedürfnis nach freiem Lebensraum, in dem der Mensch sein Leben gestalten kann, entsprechen Werte wie Selbstverwirklichung und Freiheit.

Beantworte die folgenden Fragen. Du kannst auch auf der Rückseite des Arbeitsblattes schreiben.

1) Es gibt grundsätzliche Werte und eher persönliche Werte. Kannst Du Beispiele nennen? Welche Werte sollten allgemeinverbindlich sein, und welche dienen mehr der individuellen Lebensführung? Welche konkreten Folgen haben Deine Werte-Beispiele für den Einzelnen und für die Gesellschaft?

2) Welche Texte sagen etwas zu grundsätzlichen, welche zu den persönlicheren Werten? Sagen die Texte etwas dazu, wie diese unterschiedlichen Wertarten entstehen?

3) Ist Dir selbst schon mal aufgefallen, daß andere Menschen andere Werthaltungen haben als Du? Worum ging es dabei? Kennst Du Konflikte zwischen Eltern und ihren Kindern, die etwas mit gegensätzlichen Werthaltungen zu tun haben? Kannst Du Dir erklären, wie solche unterschiedlichen Werthaltungen zustande kommen?

4) Was sagt Dir Goethes Äußerung von der "Ehrfurcht" (s. Text B)? Kannst Du Dir vorstellen, daß Menschen einen ähnlichen Wert haben, obwohl sie nicht an Gott glauben?

Dieses komplexe Gruppenspiel enthält folgende inhaltliche Aspekte:

- **Bewußtmachung eigener Werthaltungen,**
- **Erkennen der Diskrepanz zwischen persönlichen Werten und alltäglicher Realität,**
- **Entwickeln von Vorstellungen über die zukünftige Entwicklung der Welt und ihrer neuen Werte,**
- **kooperatives Verhandeln und kreatives Arbeiten in der Gruppe.**

ab 14 Jahren

bis 25 Personen

a) ca. 90 Minuten für die Übung
b) ca. 45 Minuten für die Auswertung

Die Teilnehmer werden vor der Sitzung gebeten, zum Basteln geeignete Materialien (Dosen, Pappe, Pflanzenteile) und einige persönliche Gegenstände (Schlüssel, Bücher, Taschentücher, Schreibgeräte usw.) mitzubringen. Sie stellen Mal- und Bastelmaterial (Filzstifte, Lineale, Kleber, Scheren, alte Zeitungen, Zeitschriften usw.) zur Verfügung.
Das Plenum wird in Gruppen zu ca. 5 Personen aufgeteilt. Jede Gruppe erhält einen stabilen Plakatkarton im Format DIN A 1.
Die Gruppen sollen mit Hilfe des mitgebrachten Materials, der persönlichen Gegenstände und des vorhandenen Bastelmaterials auf dem Plakatkarton einen Ausschnitt unserer Welt aufbauen, wie diese ihrer Einschätzung nach in der Zukunft aussehen wird. Diese Modell-Welt kann sowohl die negativen Entwicklungen unserer Tage berücksichtigen und prognostisch weiterdenken, als auch positive und utopische Tendenzen betonen.
Gebaut werden dürfen jeweils nur solche Elemente, die von den Gruppenmitgliedern mehrheitlich beschlossen worden sind. Einmal gebaute Teile dürfen nicht wieder entfernt werden.
Zur Vertiefung des Bau-Spiels sollte unbedingt eines der Arbeitsblätter herangezogen werden.

Grundsätzliches: s. S. 7, Einleitung 6b.

- Wie haben wir uns in der Gruppe auf eine gemeinsame Linie des Bauens geeinigt?
- Welche Werte waren mir bei der Umsetzung der Übung besonders wichtig?
- Hatten alle Gruppenmitglieder ähnliche Vorstellungen von der Futureworld?
- Haben unterschiedliche Werte unsere Vorstellung von der Welt von morgen bestimmt?
- Welche Vorstellung hatten meine Eltern von der Welt von morgen, als sie so alt waren wie ich (in welchem Jahr war das)? Hätten sie ein anderes Modell gebaut? Hatten sie andere Werte? Sind Werte zeitlich bedingt?
- Wie leicht bzw. schwer ist es mir gefallen, den kreativen Teil des Experiments zu bewältigen?
- Was hindert uns derzeit daran, diese Zukunftswelt in ihren positiven Aspekten zu verwirklichen bzw. in ihren negativen Aspekten zu verhindern?
- Welche Möglichkeiten sehe ich für mich, an der Verstärkung heute erkennbarer, positiver Entwicklungen mitzuwirken?

Jede Gruppe hat zunächst die Gelegenheit, ihre Futureworld und die damit verbundenen Ideen vorzustellen und sich dazu befragen zu lassen; anschließend erfolgt das weitere Auswertungsgespräch im Plenum.

Das Spiel kann auf verschiedene Weise variiert werden:

- Man verzichtet auf Bastelmaterialien und/oder persönliche Gegenstände als Baumaterial und läßt die Futureworld als Collage erstellen.
- Es wird eine von Anfang an als absolut irreal verstandene Traumwelt gebaut.
- Die Teilnehmer stellen durch ihre Bastelarbeiten dem gegenwärtigen Zustand der Welt ein Traumbild gegenüber.
- Sie verzichten auf den Plakatkarton als vorgegebenen Baugrund.

Gruppen, die in bezug auf die kreative Bewältigung von Problemen (noch) ungeübt sind, können bei diesem Spiel große Anfangsschwierigkeiten haben. Sie sollten das berücksichtigen und ggf. eine längere Übungszeit einkalkulieren.

Kliebisch/Wach 1994; Vopel 1989b; Grom 1976; Eichmann/Kliebisch 1991; Vester 1984

Das Spiel kann eingesetzt werden, um - ausgehend von der als defizitär empfundenen gegenwärtigen Situation der Welt - den Teilnehmern die Möglichkeit zu geben, kreativ realistische (!) Zukunftsperspektiven zu entfalten. Dabei sollen sich die Teilnehmer aber Rechenschaft darüber ablegen, auf der Grundlage welcher Werte sie diese Perspektiven entwickeln. Warum empfindet mancher die Vorstellung einer "vollcomputerisierten Zukunftswelt" als bedrückend, vielleicht sogar als Bedrohung, während für den nächsten dasselbe Bild geradezu der Inbegriff von Fortschritt ist? Haben die Teilnehmer einen Zusammenhang zwischen den Erwartungen an die Zukunft und den in zurückliegenden Erfahrungen wurzelnden Wertvorstellungen erkannt, kann man ihnen die Frage stellen, welche Faktoren die Verwirklichung ihrer Erwartungen ver- bzw. behindern könnten. Mit dem Arbeitsblatt "Das hat nichts damit zu tun ... oder?" können die Teilnehmer darüber nachdenken, ob diese Faktoren in einem Zusammenhang stehen oder einander sogar bedingen. Dabei werden sie erkennen, daß die Faktoren alle in einer Beziehung zueinander stehen.
Ein Beispiel: Die Erwartung, daß in Zukunft die Benutzung von Autos drastisch reduziert wird, nährt sich aus der hohen Einstufung des Wertes "Umwelt". Denkt man über Maßnahmen zur Verwirklichung dieser Erwartung nach, stößt man unwillkürlich auf hemmende Faktoren: Interessen der Autoindustrie (Arbeitgeber wie Arbeitnehmer) und der Autofahrer. Letztere argumentieren mit freiheitlichen Bürgerrechten, um auch in Zukunft genau so viel Auto fahren zu können wie heutzutage. Etwas zugespitzt kann man sagen, daß hier ein Wertekonflikt zwischen "individueller Freiheit" und "Umwelt" vorliegt.
Vor diesem Hintergrund läßt sich der Aspekt von Wertekonflikten thematisieren, wie sie jeder erlebt und erleben wird, der sich, seiner Werte bewußt, in der Welt engagiert.
In jedem Fall sollte das Spiel zum Anlaß genommen werden, mit den Teilnehmern über mögliche Handlungskonsequenzen für Ihren Alltag nachzudenken (Transfer!).

Material:

- Das Arbeitsblatt: "Das hat nichts damit zu tun ... oder?" enthält eine Auswahl von Faktoren, die bei der Gestaltung der zukünftigen Welt sehr stark mitwirken und zugleich mit bestimmten Werthaltungen relativ leicht in Verbindung zu setzen sind. Für die Bearbeitung sollten die Teilnehmer nicht weniger als 15 Minuten haben. Die Auswertung im Plenum, in der die am Ende des Blattes formulierten Fragen gemeinsam beantwortet werden, wird nicht unter 30 Minuten zu machen sein.
- Das Blatt "Vernetzungsstruktur" ist eine Art Lösungsblatt für das erste Arbeitsblatt.
- Das Arbeitsblatt "Wie würdest Du entscheiden?" enthält zwei kurze Situationsentwürfe, in denen Wertekonflikte angelegt sind. Die Teilnehmer sollen sich zunächst einmal den Wertekonflikt bewußt machen und die betroffenen Werte benennen. Darüberhinaus sollen sie - wenn es ihnen möglich ist - auf der Grundlage ihrer Werte in dem dargestellten Konflikt eine Entscheidung fällen und ansatzweise begründen. Das Arbeitsblatt sollte von jedem Teilnehmer bearbeitet werden, es eignet sich nicht so gut für die Gruppenarbeit. Für jede Geschichte und die zumindest stichwortartige Beantwortung der Fragen sollten Sie 15 Minuten vorsehen. Die ausführlichere Diskussion der Fragen kann dann im Plenum erfolgen.
- Die Arbeitsblätter "Werte in der Politik" untersuchen die Werthaltungen der Parteien SPD, CDU und Bündnis 90/Die Grünen auf der Grundlage ihrer Parteiprogramme und begleitender Kommentare. Die Arbeitsblätter sind sehr umfangreich und können auch in Auszügen behandelt werden.

"Das hat nichts damit zu tun ... oder?"

Einige, vielleicht alle der folgenden Begriffe berühren auch Deine Erwartungen an die Zukunft. Verbinde die Begriffe mit einem Strich, zwischen denen ein Zusammenhang besteht. Manchmal ist das sehr einfach: z.B. ist der Zusammenhang zwischen Konsum und Müll offensichtlich. Oft ist es schwieriger.

Individuum

"1.", "2." und "3." Welt

Politik

Erziehung

Freiheit

Umwelt

Müll

Industrie

Konsum

Flüchtlinge

Geld

Staat

Machtinteresse

Spaß haben

Suche Dir einen oder zwei Begriffe aus, die Dir für Deine Vorstellung der Zukunft besonders wichtig sind und sieh Dir genau an, mit welchen anderen Begriffen sie verbunden sind. Warum sind Dir bestimmte Begriffe wichtig? Wie können sachliche Konflikte (z.B. Umweltschutz) bewältigt werden, wenn sie zu "Wertekonflikten" werden (z.B. "persönliche Freiheit" und "Umwelt")? Notiere Deine Antwort auf der Rückseite dieses Blattes.

Vernetzungsstruktur

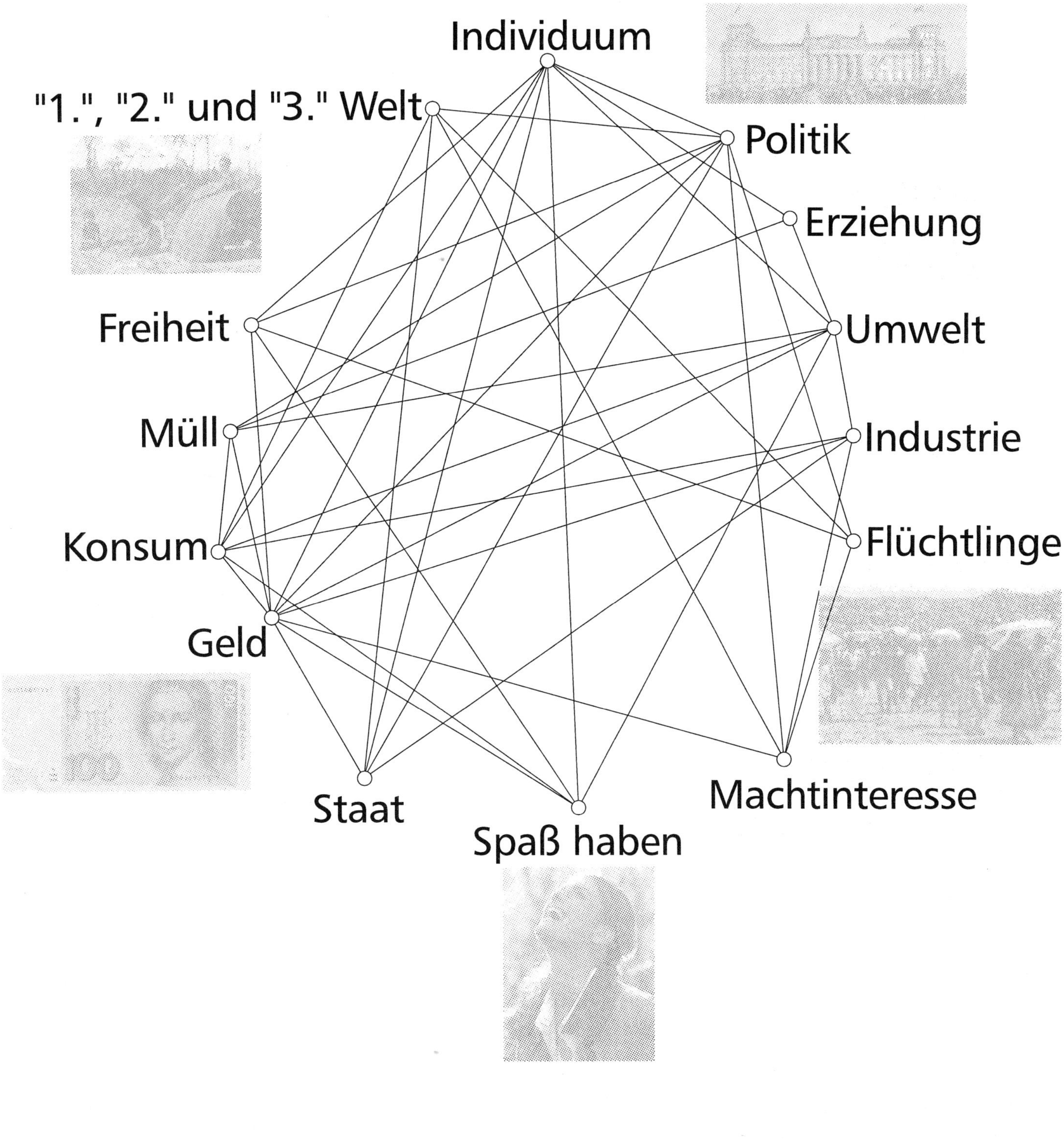

"Wie würdest Du entscheiden?"

Hier sind Probleme beschrieben, wie sie heutzutage oft vorkommen. Alle Beteiligten haben gute Gründe für ihre Standpunkte. Welche Werte werden dabei berührt? Versuche, sie zu benennen. Wie würdest Du die Probleme lösen? Ist ein Kompromiß möglich, oder sind für Dich bestimmte Werte wichtiger als andere?

Die Straße

Die kleine Stadt Polke hat keine direkte Straßenverbindung mit der nächsten großen Stadt, der Hafenstadt Rusen. Die Unternehmen in Polke müssen auf ihre Lieferungen deswegen lange warten, mehr bezahlen, und manchmal müssen sie ihre Lieferungen sogar in Rusen selbst abholen. Viele Arbeiter aus Polke arbeiten in Rusen und müssen zweieinhalb Stunden zur Arbeit fahren. Da soll endlich von Polke nach Rusen eine Verbindungsstraße gebaut werden, die Handel und Industrie in Polke sicher gut tun und den Arbeitern die Fahrtzeit zur Arbeit auf 20 Minuten verkürzen wird. Es gibt allerdings ein Problem: Der Bauer Wichern lebt auf seinem Hof genau zwischen Polke und Rusen. Er will seinen Erlenhof nicht für den Bau der Straße verkaufen. Erstens läuft der Betrieb gut und zweitens ist der Hof seit 400 Jahren in Familienbesitz. Bauer Wichern will, daß nach ihm sein Sohn den Hof übernimmt.

Die Erbschaft

Richard Müller war ein sehr, sehr reicher Mann. Er war der Besitzer der größten Handtuch-Fabriken in ganz Europa. Er hinterließ seiner Vaterstadt Trauchlingen 10 Millionen Mark. Allerdings sollte die Stadt das Geld nur erhalten, wenn die Abgeordneten der Stadt einstimmig beschließen würden, wozu der Betrag verwendet werden sollte. Die Abgeordneten zogen sich zur Beratung zurück. Nach tagelangen Diskussionen hatten sich drei Gruppen gebildet, die sich absolut nicht auf ein Projekt einigen konnten. Die eine Gruppe wollte endlich das lange geplante Historische Museum bauen, das die Geschichte der immerhin über 1500 Jahre alten Stadt und ihrer Umgebung bis zur Wiedervereinigung dokumentieren sollte. Die zweite Gruppe wollte einen großen Kindergarten bauen, denn in Trauchlingen gab es schon lange nicht mehr für jedes Kind einen Kindergartenplatz. Die dritte Gruppe wollte ein Kongreßzentrum in die Innenstadt bauen, womit die Stadt dauerhaft größere Einnahmen hätte und wovon auch die Geschäfte in der Stadt profitieren würden.

Notiere Deine Überlegungen:

Werte in der Politik

In den Parteien werden Werte oft als 'zuverlässiger Kompaß' ihres politischen Handelns bezeichnet. Wir haben einige Aussagen der Parteien CDU, SPD und Bündnis 90/Die Grünen zu ihren Grundwerten herausgesucht.

CDU: Freiheit in Verantwortung

Im Kern unserer Programmatik stand von Anfang an die Unantastbarkeit der Würde des Menschen: Der Mensch ist als Ebenbild Gottes geschaffen, er ist Irrtum und Schuld ausgesetzt, aber auch dazu berufen und befähigt, die Welt verantwortlich zu gestalten.
Die CDU läßt sich auch in Zukunft von drei Grundwerten leiten: Freiheit, Solidarität und Gerechtigkeit. Was ist z.B. mit Frieden oder Gleichheit? Ist Frieden ein Grundwert? Was ist, wenn Frieden herrscht und keine Freiheit? Wir können nicht ausschließen, daß Frieden erzwungen wird. Wir aber wollen eine freie, gerechte und solidarische Gesellschaft. In ihr entsteht Frieden, ohne daß man ihn erzwingen muß. Also ist Frieden ein Ziel, aber kein Grundwert.
Zur Gleichheit: Der freie Mensch erbringt Leistung nach seinem eigenen Willen. Es ist gerecht, daß er für diese Leistung einen angemessenen - und damit unterschiedlichen - Lohn erhält. Solidarität heißt nicht, daß diese Unterschiede unkenntlich gemacht werden. Also ist Gleichheit kein Grundwert.
Die Freiheit des Individuums ist für Sozialdemokraten und Liberale ein Produkt eigener rationaler Erkenntnisse. Es ist eine durch vernünftige Abwägung entstandene politische Programmforderung. Für Christliche Demokraten ist das anders. Der Glaube an den Menschen als einem Geschöpf Gottes und nicht als eine Abart der Affen ist für uns zentral. Der Mensch ist als Geschöpf Gottes von Natur aus frei. Diese Freiheit gibt ihm die Möglichkeit zur sittlichen Entscheidung, die das Tier nicht hat. Jeder Mensch trägt dafür die Verantwortung vor seinem Gewissen und nach christlichem Verständnis vor Gott.

Werte in der Politik

SPD: Ermutigung zur Politik

Die Würde des Menschen ist Ausgangs- und Zielpunkt unseres Handelns. Wir verstehen den Menschen als Vernunft- und Naturwesen. Er ist weder zum Guten noch zum Bösen festgelegt, er ist lernfähig und vernunftfähig. Daher ist Demokratie möglich. Er ist fehlbar und kann in die Unmenschlichkeit zurückfallen. Darum ist Demokratie nötig. Weil der Mensch offen ist, kommt es darauf an, in welchen Verhältnissen er lebt. Eine neue und bessere Ordnung, der Würde des Menschen verpflichtet, ist daher nötig und möglich zugleich.

Freiheit, Gerechtigkeit und Solidarität sind die Grundwerte des Demokratischen Sozialismus. Der Mensch als Einzelwesen ist zur Freiheit berufen und befähigt. Die Chance zur Entfaltung seiner Freiheit ist aber stets eine Leistung der Gesellschaft. Freiheit verlangt Freisein von entwürdigenden Abhängigkeiten, von Not und Furcht, aber auch die Chance zur individuellen Entfaltung und verantwortlicher politischer Mitwirkung. Gerechtigkeit erfordert mehr Gleichheit in der Verteilung von Einkommen, Eigentum und Macht. Solidarität ist die Waffe der Schwachen im Kampf um ihr Recht. Solidarität heißt, über Rechtsverpflichtungen hinaus füreinander einzustehen; heißt aber auch, Menschen in der dritten Welt ein menschenwürdiges Leben zu ermöglichen.

Wir wollen Demokratie in der ganzen Gesellschaft, auch in der Wirtschaft, verwirklichen und so wirtschaftliche Macht begrenzen und demokratisch kontrollieren. Wir wollen einen modernen demokratischen Staat, der vom Engagement seiner Bürgerinnen und Bürger getragen ist.

Bündnis 90/Die Grünen: Für eine neue politische Kultur

Die Menschen sind eingebunden in den übergreifenden Zusammenhang der Natur. Die Natur ist die einmalige und unwiederbringliche Lebensvoraussetzung für die Menschen. Mit Vernunft begabt, sind sie dennoch imstande, die Naturelemente in ihrer Vielfalt zu beeinflussen und neu zueinander in Beziehung zu setzen. Sie haben allerdings nicht das Recht, mit der Natur nach Belieben zu verfahren. Das Bewußtsein muß gestärkt werden, daß der dauernde Erhalt des ökologischen Gleichgewichts und die Vielfalt der Gattungen und Arten einen untauschbaren Selbstwert besitzen, der den menschlichen Aktivitäten des Wirtschaftens und Konsumierens Grenzen setzt.

Die Verwirklichung und der Schutz der Menschenrechte garantieren den freiheitlichen und humanen Charakter der politischen Ordnung sowie der ökonomischen Verhältnisse. Abrüstung, die Bewahrung der Umwelt und ein weltweiter Ausgleich zwischen Arm und Reich sind aus unserer Sicht Voraussetzung für die uneingeschränkte und weltweite Verwirklichung der Menschenrechte. Aber dazu müssen sich auch die individuellen Lebensweisen hier ändern. Doch wir wissen: jedem einzelnen Menschen das ökologisch notwendige Maß an Einsicht, Selbstbeschränkung und Verantwortlichkeit abzuverlangen, gelingt leichter im selbstbestimmten Gesellschaftsrahmen, in der Armut abgebaut, niemand wegen kultureller Andersartigkeit diskriminiert und Frauen nicht unterdrückt werden. Gegen die scheinbare Allmacht der Parteien und der hinter ihnen stehenden Kräfte in Exekutive und Wirtschaft beruht unsere Politik auf Einmischung und Solidarität und richtet sich gegen Gleichgültigkeit und Ignoranz.

Werte in der Politik

1) Die ersten Sätze der drei Texte sagen etwas zum Menschenbild der drei Parteien. Die CDU und die SPD betonen die besondere WÜRDE des Menschen. Aber beide Parteien sehen sehr unterschiedliche Ursprünge dieser Würde. Kannst Du sie benennen? Wie sieht Bündnis 90/Die Grünen den Menschen? Die Würde des Menschen ist hier nicht erwähnt. Was sind die Hauptunterschiede zwischen den ersten beiden und dem dritten Text in bezug auf das Menschenbild? Was besitzt für Bündnis 90/Die Grünen einen Selbstwert, und was bedeutet das?

2) CDU und SPD haben die gleichen Grundwerte: Freiheit, Gerechtigkeit und Solidarität. Aber meinen sie das gleiche? Sie verstehen z.B. unter dem Wort Freiheit sehr unterschiedliche Dinge. Die CDU sagt: "Der Mensch ist als Geschöpf Gottes von Natur aus frei." Die SPD dagegen sagt: "Der Mensch als Einzelwesen ist zur Freiheit berufen und befähigt." Was ist der Unterschied? Wann tritt der Zustand der Freiheit nach den beiden Texten ein? Der Freiheitsbegriff der CDU steht mit den Begriffen 'Verantwortung' und 'Leistung' in einem engen Zusammenhang. Kannst Du diesen Zusammenhang erläutern, und fallen Dir dazu konkrete Beispiele ein? Kannst Du Dir vorstellen, wie 'verantwortungslose Freiheit' aussehen würde? Mit welchen Begriffen hängt die Freiheit bei der SPD zusammen?

3) Vergleiche die Zeilen 10-13 bei der SPD mit den Zeilen 12-15 bei der CDU. Beide Parteien messen dem Begriff 'Gleichheit' eine unterschiedliche Bedeutung bei. Welche Unterschiede kannst Du benennen?

4) Was ist für Bündnis 90/Die Grünen die Voraussetzung für einen größeren Konsumverzicht und damit einen verbesserten Naturschutz? Mehr Gesetze? Mehr staatliche Gewalt?

5) Stelle Dir eine Liste aller in den Texten genannten oder auch nur angedeuteten Werte zusammen. Welche Werte kommen bei mehreren Parteien vor, welche Werte nur bei einer Partei?

6) Die CDU benutzt den Ausdruck der "sittlichen Entscheidung" (Zeile 21) zur Erklärung der Freiheit. Bündnis 90/Die Grünen spricht vom "humanen Charakter der politischen Ordnung und der ökonomischen Verhältnisse" (Zeile 10f.). Was heißt denn 'sittlich' und 'human'? Fallen Dir Beispiele dazu ein? Und was ist 'unsittlich' und 'inhuman'? Kennst Du Beispiele? Wer oder was bestimmt eigentlich, was 'sittlich' oder 'unsittlich' ist, und auf welcher Basis bezeichnen wir etwas als 'human' oder 'unmenschlich'?

7) Du bist gerade zur Bundeskanzlerin bzw. zum Bundeskanzler gewählt worden. Was sind die ersten drei Maßnahmen, die Du in Deinem Amt durchführst?

3.3 Pyramide

In diesem Spiel geht es um:

- **das Bewußtmachen eigener Wertvorstellungen;**
- **die Hierarchisierung von Werten;**
- **das Begründen von Wertvorstellungen;**
- **das kritische Reflektieren von Werthaltungen;**
- **das Herstellen von Bezügen zu Alltagserfahrungen.**

ab 14 Jahren

bis 15 Personen

a) ca. 20 Minuten für die Übung
b) ca. 20 - 30 Minuten für die Auswertung

Die Teilnehmer erhalten das als M 1 abgedruckte Bild einer Pyramide. Sie sollen in die 15 vorgegebenen Felder die Werte eintragen, die sie für die wichtigsten in ihrer persönlichen Lebenshaltung halten. Die Stufen der Pyramide sollen dabei die Bedeutung der Werte symbolisieren.

Grundsätzliches: s. S. 7, Einleitung 6b.

- Wie leicht bzw. schwer ist es mir gefallen, 15 Werte zu finden, die ich für mich als wichtig ansehe?
- Wie leicht bzw. schwer ist es mir gefallen, die gefundenen Werte in eine Rangfolge zu bringen?
- Wie begründe ich im einzelnen, welche Werte mir wie wichtig sind?
- Wie stark weichen meine Wertvorstellungen von denen der anderen Gruppenmitglieder ab?
- Wie empfinde ich diese Abweichungen?

Die fertiggestellten Pyramiden werden an der Pinwand befestigt. Die Kursteilnehmer haben dann Gelegenheit, sich die Wertehierarchien der übrigen Gruppenmitglieder anzuschauen. Danach kann reihum jeder Mitspieler aus seiner Sicht wesentliche Aspekte seiner Werte-Pyramide erläutern und begründen, bevor das weitere Auswertungsgespräch im Plenum stattfindet.

Bei ungeübten Gruppen bzw. sehr jungen Teilnehmern kann es sinnvoll sein, eine Werte-Liste vorzugeben, aus der Elemente ausgewählt werden dürfen.
Wenn genügend Zeit zur Verfügung steht, können Sie die Werte-Pyramide zunächst in Kleingruppen (ca. 5 Personen) besprechen lassen, bevor man mit der Auswertung im Plenum beginnt. Als Alternative können Sie das Plenum von Beginn an in Kleingruppen aufteilen, in denen dann eine gemeinsame Werte-Pyramide entwickelt werden soll.

Vopel 1989b; Grom 1976; Gudjons 1990; Maslow 1981; Eichmann/Kliebisch 1991; Kliebisch 1995

Das Spiel verlangt den Teilnehmern - wenn sie es ernst nehmen - einiges an Reflexion ab. Sich bewußt zu machen, welche Werte man verfolgt und wie wichtig sie einem im einzelnen sind, stellt in vielen Fällen eine recht schwierige Aufgabe dar.
Erfahrungsgemäß kann man den Gruppenmitgliedern durch die Ergebnisse der Übung ziemlich leicht veranschaulichen, in welchem individuellen Normenrelativismus wir im allgemeinen leben, solange es sich nicht um wirklich grundlegende Werte handelt. Diese Einsicht kann dazu dienen, begründet und differenziert dem Prinzip der Toleranz das Wort zu reden.
Interessant ist es möglicherweise auch, die wahrscheinlichen Parallelen zwischen den Werte-Pyramiden der Teilnehmer und der Bedürfnishierarchie zu thematisieren, wie sie Maslow entwickelt hat (s. Kopiervorlage und Arbeitsblatt "Bedürfnisse - Werte"). Dabei dürfte sich zeigen, daß die von den Gruppenmitgliedern herausgestellten Werte in erster Linie auf Selbstverwirklichung und Wertschätzung abzielen und somit mit den Wachstumsbedürfnissen nach Maslow korrespondieren.

- M 1 - Kopiervorlage für die Pyramide

Zusätzliches Material:

- Kopiervorlage zu Abraham Harold Maslows Bedürfnishierarchie
- Arbeitsblatt: "Bedürfnisse - Werte"

3.3 Pyramide — M1

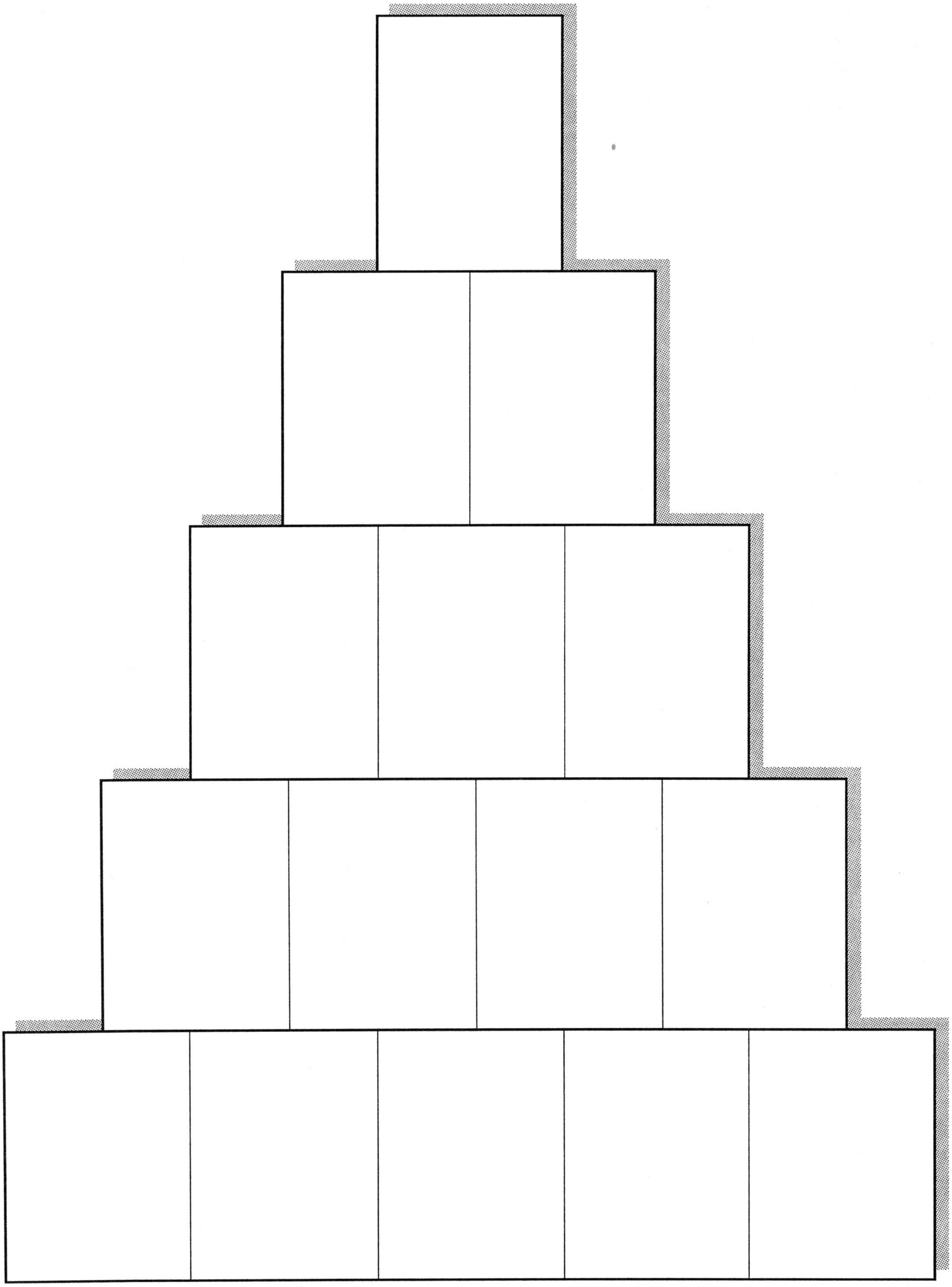

Die Bedürfnis-Hierarchie nach Abraham Harold Maslow

Religion/ Philosophie

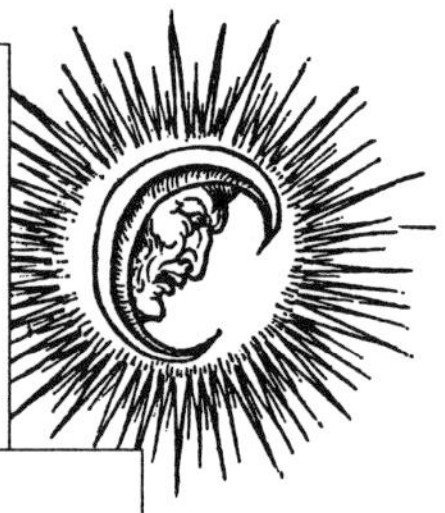

Selbstverwirklichung

Anerkennung/Achtung

Liebe

Geborgenheit/Zuneigung

Zugehörigkeit

Sicherheit/Schutz

körperliche Bedürfnisse

Bedürfnisse - Werte

Was braucht der Mensch zum Leben? Jeder Mensch hat Grundbedürfnisse, körperliche und psychische. Zu den körperlichen Grundbedürfnissen gehören Essen, Trinken, Atmen ... . Die psychischen Grundbedürfnisse sind schwieriger zu fassen.
Ein sehr grundsätzliches Bedürfnis ist das nach Sicherheit und Schutz. In direktem Zusammenhang damit steht das Bedürfnis nach Zugehörigkeit. Sich einer Gruppe zuzuordnen, vermittelt Sicherheit und Schutz. Das über Zugehörigkeit hinausgehende, aber mit ihm verwandte Bedürfnis ist das nach Geborgenheit, Zuneigung und Liebe. Anerkennung, Respekt und Achtung bezeichnen ein weiteres Bedürfnis, gefolgt von Selbstverwirklichung. Als letztes psychisches Bedürfnis wird das nach Religion oder Philosophie genannt, also der Wunsch, Erkenntnis über die sinnlich erfahrbare Welt hinaus zu gewinnen: Was ist Ursache/Auslöser/Urkraft hinter den Erscheinungen unserer wahrnehmbaren Welt?
Manchmal werden die Bedürfnisse (nach Abraham H. Maslow) in einer Hierarchie dargestellt. Das soll verdeutlichen, daß ein Bedürfnis erst empfunden wird, wenn das nächsttiefere Bedürfnis befriedigt ist: z.B. wird das Liebesbedürfnis erst empfunden, wenn das Bedürfnis nach Sicherheit befriedigt ist.

1) Die Begriffe in der Pyramide sind sehr allgemein gefaßt. Trage in die Kästen jeweils konkrete Begriffe ein. Was bedeutet/wo empfindest Du z.B. *Zugehörigkeit* in Deinem Leben?

2) Versuche, zu den Bedürfnissen entsprechende Werte zu benennen und schreibe sie neben die Kästen. Sind manche Bedürfnisse gleichzeitig Werte?

3) Wie beurteilst Du die Hierarchie der Bedürfnisse? Findest Du Deine Bedürfnisse (in der richtigen Reihenfolge) wieder? Kann man die Hierarchie der Bedürfnisse auf die Werte übertragen? Also: Wird ein Wert erst wichtig, wenn der nächsttiefere Wert 'gelebt' wird, oder sind alle Werte gleich wichtig?

3.4 Lebenserfahrung

Bei dieser kurzen Übung geht es um:

- **den Zusammenhang persönlicher Erfahrungen und Werthaltungen,**
- **eine kritische Auseinandersetzung über die Verbindlichkeit von Werten vor dem Hintergrund ihrer Abhängigkeit von konkreten Erfahrungen.**

ab 12 Jahren

bis 20 Personen

a) ca. 10 Minuten für die Übung
b) ca. 20 Minuten für die Auswertung

Jeder Teilnehmer erhält als Arbeitsblatt den als Material abgedruckten Kreis. Die Aufgabe besteht darin, sich an wichtige Erlebnisse in seinem eigenen Leben zu erinnern und diese stichwortartig im Kreis zu notieren. Für jedes Ereignis wird ein Kreissegment abgeteilt, dessen Größe die Bedeutung des jeweiligen Ereignisses widerspiegeln soll. Anschließend notieren die Gruppenmitglieder zu den eingetragenen Ereignissen die Wertvorstellungen, die sie ihrer Meinung nach mit den entsprechenden Erfahrungen verbinden.

Grundsätzliches: s. S. 7, Einleitung 6b.

- Wie gut konnte ich mich an persönliche Erfahrungen, Schlüsselerlebnisse erinnern?
- Wie leicht bzw. schwer ist es mir gefallen zu entscheiden, wie groß im einzelnen die Kreissegmente ausfallen sollten?
- Wie leicht bzw. schwer ist es mir gefallen, die zu den Erlebnissen gehörigen Werte zu formulieren?
- Wie stehe ich heute zu diesen Werten?
- Welche Werte sind in der Gruppe besonders häufig genannt worden?
- Welche Einstellung habe ich zu diesen Werten?
- Welche Werte halte ich für meine eigene Lebensplanung für unverzichtbar?
- Wie gehe ich mit Menschen um, die grundsätzlich andere Wertvorstellungen haben als ich?
- Welche Erfahrungen mit dieser Übung kann ich für mein zukünftiges Handeln nutzen?

Die ausgefüllten Kreise werden an eine Pinwand geheftet. Jedes Gruppenmitglied hat dann zunächst die Gelegenheit, sich alle Kreise anzuschauen.
Als Einstieg in die Auswertung sollten die Teilnehmer nach den Hauptereignissen ihres bisherigen Lebens und den damit verbundenen Werten gefragt werden. Anschließend kann eine weitere - auch kritische - Erörterung der formulierten Wertvorstellungen im Plenum stattfinden.

Bei jüngeren Teilnehmern mag es sinnvoll sein, den Wertebegriff an geeigneten Beispielen zu erläutern. Sie können dazu gut die Arbeitsblätter aus 3.1 benutzen.
Man kann den Teilnehmern nach der ersten Phase des Spiels nochmals eine Kreisvorlage austeilen. In diesen zweiten Kreis sollen dann die zu den notierten Lebenserfahrungen gehörigen Werte eingetragen werden, wobei wiederum die aktuelle Bedeutung, die der jeweilige Wert für das Gruppenmitglied hat, durch die Größe des gewählten Kreissegments dargestellt werden soll. Auf diesem Wege läßt sich in aller Regel die vermutbare Diskrepanz zwischen der Bedeutung von Ereignissen und der Bedeutung damit assoziierter Wertvorstellungen auch optisch gut veranschaulichen.

Frör 1978; Vopel 1986c u. 1989b;
Kliebisch 1995; Gudjons 1990

Mit diesem Spiel sollen die Gruppenmitglieder auf den Zusammenhang zwischen individuellen Erfahrungen und persönlichen Wertvorstellungen aufmerksam gemacht werden. Interessant ist es, die Frage zu behandeln, inwieweit sich der Einzelne unter welchen Umständen von solchen Erfahrungen zu distanzieren vermag.

3.4 Lebenserfahrung

Hat man es mit vergleichsweise sensiblen Teilnehmern zu tun und/oder kennen sich diese bereits recht gut, mag es auch sinnvoll sein, sich ausführlicher mit ihren individuellen Lebenserfahrungen zu beschäftigen und damit ein stärkeres Zusammengehörigkeitsgefühl der Gruppe zu ermöglichen.

- M 1 - Kreis

Zusätzliche Arbeitsblätter:

- Das Arbeitsblatt "Alte Werte? Neue Werte?" stellt die traditionalistisch-katholische Werthaltung Papst Johannes Paul II. der sehr eignenwillig modernistischen des Philosophen Villèm Flusser gegenüber. Zur Vertiefung dieses Arbeitsblattes kann die "Folienvorlage zur Herkunft von Werten" (siehe 3.7) herangezogen werden.
- Das Arbeitsblatt "Schöne, neue Welt" fragt, ob der z.T. unbewußte Einstieg in eine künstliche (Medien-)realität eine Veränderung der Werthaltung nach sich zieht.

3.4 Lebenserfahrung — M1

Trage in den Kreis Erlebnisse oder Ereignisse ein, die Dir besonders wichtig sind. Je größer der Abschnitt für ein Ergeignis ist, desto wichtiger ist es Dir. Danach versuche, den Erlebnissen bestimmte Werte zuzuordnen.

Alte Werte? Neue Werte?

Werthaltungen fallen nicht vom Himmel. Ein Mensch bildet seine Werthaltung zum Teil aufgrund bestimmter Erlebnisse. Er wird dabei aber auch von der Gesellschaft, in der er lebt, beeinflußt. Auch die Religion seines Kulturkreises hat eine große Rolle bei der Entwicklung von Werthaltungen gespielt. Viele glauben, daß die technische, wirtschaftliche und politische Entwicklung heute sehr schnell und sehr grundsätzlich die Zustände auf der Welt ändert: Zu schnell für die Bildung neuer Werte. Müssen wir Angst haben vor einer "Welt ohne Werte", in der es kein 'Gut' und kein 'Böse' mehr gibt, in der irgendwie alles erlaubt ist?

Lies die folgenden zwei Bemerkungen dazu:

Der Petersdom in Rom

A. Papst Johannes Paul II. hat traditionelle Denkweisen der katholischen Kirche erneut deutlich bestätigt, z.B. indem er jede Geburtenkontrolle - sei es durch Kondome, die Pille oder staatliche Maßnahmen wie in China - prinzipiell ablehnt, auch in Gebieten, die von Hungerkatastrophen und/oder AIDS bedroht sind. Gleichzeitig sieht er, daß moderne Werte zu Orientierungslosigkeit, Hoffnungslosigkeit und Vereinsamung geführt haben. Die folgenden Zitate des Papstes stammen von 1990 und 1991:
"Die wahre Ursache der jüngsten Ereignisse *(die politische Entwicklung nach 1989, Anm. d. Red.)* ist jedoch die vom Atheismus hervorgerufene geistige Leere. Sie hat die jungen Generationen ohne Orientierung gelassen und sie nicht selten veranlaßt, bei Ihrer ununterdrückbaren Suche nach der eigenen Identität und nach dem Sinn des Lebens die religiösen Wurzeln der Kultur ihrer Nationen und die Person Christi selbst wiederzuentdecken. ... Willst Du den Frieden, dann achte das Gewissen eines jeden Menschen. Die Herausbildung des Gewissens bleibt unvollständig, wenn eine religiöse Erziehung fehlt. Wie kann ein junger Mensch die menschliche Würde in ihrer Fülle begreifen, wenn ihm die Kenntnis der Quelle dieser Würde fehlt, eben des göttlichen Schöpfers?"

Alte Werte? Neue Werte?

B. Der Philosoph Villèm Flusser meint, daß der enorme Fortschritt auf den Gebieten Telekommunikation und Informatik unsere Welt und den Umgang der Menschen miteinander völlig ändern wird. Diesen Effekt nennt er 'Telematik'. In einem Interview 1991 wurde er gefragt: "Die Telematik arbeitet ihrer Einschätzung nach neue, andere Werte aus. Wie ist das zu verstehen?"

Flusser: "Der Humanismus sagt: Ich liebe den Menschen. Solange es 5.000 Leute auf der Welt gegeben hat, da war jeder einzelne außerordentlich wertvoll. Jetzt, wo es sechs Milliarden gibt, da pfeift man doch auf die Leute. Man sucht doch die Einsamkeit. Man will doch weg von den Leuten. Der Humanismus stirbt, weil wir zu den Menschen kein Vertrauen haben können. Da wären wir ja verrückt, wenn wir Vertrauen hätten nach dem, was alles passiert ist. Wenn sie die Leute zusammenlassen ohne Telematik, bringen sie einander einfach um. Der Mensch ist ein mediales Wesen (*er geht mit anderen Menschen nicht mehr direkt, sondern über Medien wie Computer, Fernseher etc. um, Anm. d. Red.*), er ist ein antinatürliches Wesen. Ein natürliches Verhalten, wo ich, wenn ich die geringste Wut auf Sie habe, Ihnen die Augen ausreiße, so etwas gibt es doch nicht mehr. Die Natur ist der Feind des Menschen. Stellen Sie sich doch vor, wie eine angeblich natürliche Gesellschaft aussehen würde."

Diskutiert die folgenden Fragen:

1) Ist "Religion" ein Wert für Dich? Kann Religion bzw. "religiöse Erziehung" Dir Werte vermitteln, die Du sonst nicht hättest? Welche?
2) Welche Werte findest Du in den beiden Texten? Welche vermißt Du?
3) Der Papst spricht von dem Wert der Würde des Menschen und bezeichnet als seine Quelle Gott. Wie ist das gemeint? Was ist mit der Würde der Menschen, die nicht an Gott glauben? Was ist mit der Würde des einzelnen bei Flusser?
4) Du hast beide Texte gelesen. Was sind die wichtigsten Unterschiede in ihrem Umgang mit der Frage nach Werthaltungen in der heutigen Welt?
5) Wie sieht Flusser die Natur? Wie siehst Du sie? Welche Werte sind für Dich mit der Natur verbunden?

Schöne, neue Welt?

Die Menschen verbringen immer mehr Zeit vor dem Fernseher. Auch neue Hobbies wie Video- und Computerspiele und verschiedene Anwendungen des Internets bannen viele vor den Bildschirm. "Das ist eine Welt für sich", sagt man so leicht dahin. Aber seit einigen Jahren schon wird sehr konkret an der 'Virtual Reality' gearbeitet. Damit ist eine computergestützte Scheinwelt gemeint. Über Brillen, Helme und Handschuhe werden dabei immer kunstvoller und komplexer die realen Sinneserfahrungen ersetzt und so eine künstliche 'Realität' vermittelt, in der man sich bewegen und agieren kann.
Schon heute wird von Kritikern die Befürchtung geäußert, daß immer mehr Menschen statt echter Lebenserfahrung nur noch Scheinerfahrungen sammeln. Das Ende dieser Entwicklung wäre erreicht, wenn preiswerte 'Virtual Reality'-Ausrüstungen in jedem Kaufhaus zu haben sind und über Modems weltweit vernetzt werden können. Im Computer und im Fernsehen ist schon jetzt alles möglich, wird alles gezeigt und ist alles so schön folgenlos. In der 'Virtual Reality' könnte dann auch alles am eigenen Leib erfahren werden. Es ist zwar alles möglich, aber nichts ist echt. Den Bildern ist nicht mehr zu trauen. Die künstliche Realität ist eine Wirklichkeit mit doppeltem Boden.

1) Siehst Du irgendwelche Gefahren in der geschilderten Entwicklung? Hast Du irgendwas damit zu tun? Kannst Du zu dem Text eigene Erfahrungen ergänzen?

2) Siehst Du einen Zusammenhang zwischen Fernsehen, Video und Computerspielen einerseits und der 'Virtual Reality' andererseits, oder haben diese Bereiche nichts miteinander zu tun? Was könnte man alles machen in der 'Virtual Reality'?

3) Was sagen Dir die Begriffe 'dauerhaft', 'aufrichtig', 'natürlich', 'zuverlässig', 'ehrlich', 'echt', 'wahr' und 'glaubwürdig'? Haben diese Worte noch eine Bedeutung für Dich, oder klingen sie eher albern und verstaubt? Wen oder was würdest Du noch mit diesen Begriffen beschreiben?

4) Kannst Du Dir erklären, warum seit einiger Zeit immer mehr Produkte in der Werbung mit Begriffen wie 'authentic', 'natural', 'Kult', 'real', 'klassisch', 'original', 'natürlich', 'zeitlos', 'basic' usw. beschrieben werden?

5) Gibt es in einer von Fernseh- und Multimedia-Konsum bestimmten Lebensweise neue Werte? Ändert sich das Zusammenleben der Menschen? Was hältst Du in dem Zusammenhang von folgender Aussage: "Der Umgang mit Maschinen wie Fernsehern und Computern ist immer einseitig. Was Dir nicht paßt, klickst Du weg. Um Identität und Persönlichkeit zu entwickeln, braucht der Mensch aber Auseinandersetzung, Widerspruch und Widerstand. Der Widerstand einer Maschine ist aber immer nur ein praktischer, kein inhaltlicher. Daran kann sich ein Experte aufbauen, aber keine Persönlichkeit."

3.5 Rollenwerte

Diese Übung erlaubt Einblicke in Zusammenhänge von Werthaltungen und Rollenverständnissen. Die Teilnehmer

- **lernen, sich in Wertemuster anderer Menschen hineinzuversetzen und diese zu tolerieren,**
- **müssen einfallsreich Symbole für die Werthaltungen in bestimmten Rollen finden,**
- **sind aufgefordert, ihre eigene "Rolle" und die damit verbundenen Werthaltungen zu finden.**

ab 12 Jahren

bis 10 Personen

a) ca. 60 Minuten für die Übung
b) ca. 30 - 45 Minuten für die Auswertung

Jedes Gruppenmitglied erhält den als Material abgedruckten Vordruck. Die Aufgabe besteht darin, zu überlegen, welche Werte die dort genannten Personen aus der Sicht des jeweiligen Gruppenmitglieds an erster Stelle vertreten sollten. Der Begriff für diesen Wert wird in der dafür vorgesehenen Spalte notiert (ca. 10 Minuten).
Danach überlegt jeder, durch welchen alltäglichen Gegenstand sich der jeweils bei ihrem Namen notierte Wert symbolisieren läßt. Die Begriffe für diese Gegenstände werden in der entsprechenden Spalte des Aufgabenblattes festgehalten.
Jeder Teilnehmer besorgt anschließend die entsprechenden Gegenstände und bringt sie für die Auswertung mit in den Übungsraum.

Grundsätzliches: s. S. 7, Einleitung 6b.

- Wie leicht bzw. schwer ist es mir gefallen, den genannten Personen entsprechende Werte zuzuordnen?
- Wie leicht bzw. schwer ist es mir gefallen, die gefundenen Werte durch Gegenstände zu symbolisieren und diese mitzubringen?
- Welche der Werte, die ich den Personen zugeordnet habe, möchte ich auch für mich selbst verwirklichen?
- Welche Möglichkeiten habe ich, diese Werte in meinem persönlichen Leben zu realisieren?
- Welche Übereinstimmungen in der Wertezuordnung lassen sich in der Gruppe erkennen?
- Welche Einstellung habe ich zu den Werten, die am häufigsten genannt wurden?
- Welche Erfahrungen mit dieser Übung kann ich in meinem alltäglichen Leben nutzbar machen?

Jedes Gruppenmitglied legt die mitgebrachten Gegenstände auf einem Tisch ab. Die anderen Teilnehmer raten zunächst, welche Werte sich hinter den Gegenständen verbergen und welchen Personen diese Werte zugeordnet worden sind. Danach findet die weitere Auswertung im Kreisgespräch statt.

Das Spiel kann dadurch variiert werden, daß die Aufgabe jeweils durch eine Kleingruppe gelöst werden muß.
Sie sollten damit rechnen, daß die Umsetzung der Wertvorstellungen in Symbolgegenstände insbesondere bei jüngeren Teilnehmern nur langsam vollzogen werden kann. Hier kann Unterstützung hilfreich sein.

Vogel 1984b, 1986 b u. c u. 1989b;
Kliebisch/Wach 1994; Kliebisch 1995;
Grom 1976; Frör 1978

Das Spiel ist geeignet, den Teilnehmern ihre eigenen Werthaltungen und ihre "Werterwartungen" gegenüber anderen transparent zu machen. Dabei kommt es oft zu kritischen Einschätzungen darüber zu Tage, welche Ziele die im beigefügten Material genannten Personen im Gegensatz zu ihrem tatsächlichen Verhalten eigentlich verfolgen sollten. Diese Überlegungen können auf die Frage zugespitzt werden, wie im Falle von Wertekollisionen zu verfahren ist. Hierbei sollten die Gruppenmitglieder ihre eigenen Erfahrungen mit solchen Situationen beschreiben. Darüberhinaus sollten im Laufe des Auswertungsgesprächs in jedem Falle die Aspekte "rationale Diskussion" und "Toleranz" ausdrücklich erwähnt und in den skizzierten Zusammenhang eingebracht werden.

- M 1- Rollen-Aufgabenblatt

Zusätzliches Arbeitsblatt:

- Das Arbeitsblatt "Weibliche Werte? Männliche Werte? Da hat sich was getan ..." thematisiert mit einem historischen Blickwinkel die gesellschaftlichen Rollenerwartungen gegenüber Männern und Frauen. Parallel dazu stellt sich die Frage, ob es 'weibliche' und 'männliche' Werte gibt und wenn ja, ob diese sich mit den Rollenerwartungen gewandelt haben.

Rollen	Werte, die vertreten werden sollten
Pilot	
Wissenschaftler	
Bundeskanzler	
Eltern	
Ärztin	
Lehrerin	
Popstar	

Weibliche Werte - Männliche Werte? Da hat sich was getan ...

Freiheit, Würde, Sicherheit, Solidarität und Liebe sind allgemeine Werte, die für Männer und Frauen gleichermaßen gelten. Aber gibt es auch weibliche oder männliche Werte?

Werbungen wollen etwas verkaufen. Wenn sie sich speziell an Männer oder Frauen richten, tun sie das, indem sie Rollen und Typen benutzen, die gerade positiv bewertet werden. Wer die Werbung sieht, soll - vereinfacht gesagt - denken: "So will ich auch sein." Vielleicht kann man also an Werbungen erkennen, welche Werte, Tugenden oder auch nur Eigenschaften mit Männern und Frauen verbunden oder von ihnen erwartet werden.

Wenn man darüberhinaus Werbungen über Jahrzehnte vergleicht, erhält man einen Eindruck von den gewandelten Rollenerwartungen an Männer und Frauen und vielleicht sogar von gewandelten Werthaltungen gegenüber den Geschlechtern.

Sieh Dir die Werbungen aus den Jahren 1952-1995 an.

Eine Pfeifen-Werbung 1952

Werbung für ein Herrenparfum 1995

Werbung für eine Herrenuhr 1995: Erfolg

Weibliche Werte - Männliche Werte? Da hat sich was getan ...

Werbung für Damenunterwäsche 1952 ...

... und 1995.

1. a) An die weiblichen Teilnehmerinnen: Was sind für Dich 'männliche Werte'?
   b) An die männlichen Teilnehmer: Was sind für Dich 'weibliche Werte'?
2. a) An die männlichen Teilnehmer: Was sind für Dich 'männliche Werte'?
   b) An die weiblichen Teilnehmerinnen: Was sind für Dich 'weibliche Werte'?

3) Welche Werte vermitteln die Werbungen? Versuche zu jedem Bild drei zu nennen. Wenn Du das nicht kannst, bewerte die einzelnen Bilder und gib an, was Dir an ihnen gefällt und was Du nicht gut findest.

4) Was hat sich geändert bei den neuen Werbungen? Was wird bei den alten Bildern von Frauen bzw. von Männern erwartet? Ist es dasselbe wie in den neuen Bildern? Was sagen Dir Wertebegriffe wie 'Disziplin', 'Lust', 'Arbeit', 'Ordnung', 'Genuß', 'Freude', 'Verantwortung' und 'Freiheit' in dem Zusammenhang?

5) Fühlst Du Dich von bestimmter Werbung besonders angesprochen? Sind irgendwo 'weibliche/männliche Werte' angedeutet, die Dir wichtig sind?

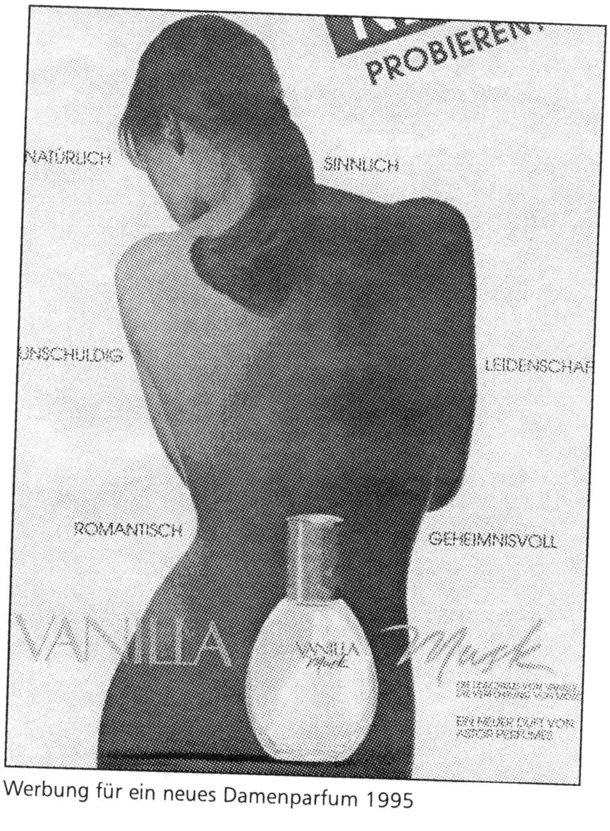

Werbung für ein neues Damenparfum 1995

3.6 Diskurs

Hier geht es darum:

- eigene Werte zu formulieren und zu vertreten,
- sich kritisch und tolerant mit anderen Werthaltungen auseinanderzusetzen,
- sich konsensfähig über Werthaltungen auseinanderzusetzen und kooperativ an Entscheidungsprozessen mitzuwirken.

ab 14 Jahren

bis 20 Personen

a) ca. 30 Minuten für die Übung
b) ca. 30 Minuten für die Auswertung

Jeder Teilnehmer erhält die als M 1 abgedruckte Werte-Liste und bringt die genannten Werte auf dem Aufgabenblatt M 2 zuerst in Einzelarbeit in eine Rangfolge. Bei Bedarf kann die Liste von jedem Teilnehmer um bis zu drei weitere Werte ergänzt werden.
Danach wird das Plenum in Kleingruppen zu jeweils 5 Personen aufgeteilt (Losverfahren!). Jede Gruppe soll dann eine gemeinsame Rangliste der Werte aufstellen und ebenfalls auf dem Aufgabenblatt M 2 festhalten. Die Aufnahme eines Wertes in die gemeinsame Liste und sein Rangplatz dort müssen in der Gruppe diskutiert, mehrheitlich beschlossen und jeweils stichwortartig begründet werden.

Grundsätzliches: s. S. 7, Einleitung 6b.

- Wie leicht bzw. schwer ist es mir gefallen, die vorgegebenen Werte in eine Rangfolge zu bringen?
- Welche der vorgegebenen Werte finde ich besonders bzw. gar nicht wichtig?
- Wie gut konnten wir uns in der Gruppe auf eine gemeinsame Liste der Werte einigen?
- Wie sind wir dabei im einzelnen vorgegangen?
- Wie intensiv haben wir miteinander diskutiert? Wie gut haben wir dabei einander zugehört? Wie tolerant haben wir uns verhalten?
- Welche konkreten Schwierigkeiten hat es in meiner Gruppe im Verlauf des Experiments gegeben?
- Wie haben wir diese Schwierigkeiten beseitigt?
- Wie akzeptabel ist die gemeinsam erstellte Werte-Liste aus meiner Sicht?

Jede Gruppe stellt zunächst ihre Ergebnisse vor. Danach werden die Wertehierarchien besprochen und kritisch gewürdigt.

Der Konsens in den Kleingruppen wird bisweilen sehr rasch erreicht, weil die Teilnehmer - anders als im Alltag - leichtfertig ihre Positionen aufgeben. Sie sollten darauf hinweisen, daß die Werte-Liste eine Verhandlungssache darstellt und daß jedes einzelne Gruppenmitglied versuchen soll, eigene Werthaltungen möglichst weitgehend durchzusetzen.
Man kann das Spiel dadurch erweitern, daß schließlich auch das Plenum - auf der Grundlage der in den Kleingruppen erstellten Werte-Listen - eine gemeinsame Wertehierarchie entwickelt.

Kliebisch 1981a; Vopel 1986d u. 1989b; Apel 1976; Habermas 1971; Gerhardt 1992; Gerhardt/Heller 1993

Bei dieser Übung werden den Teilnehmern ihre eigenen Wertvorstellungen bewußt(er), indem sie in der Gruppe auf ihren Stellenwert hin diskutiert werden. Darüberhinaus eignet sich das Experiment dazu, kritisch zu fragen, inwieweit eine durch rationale Diskussion ermittelte, durch eine Mehrheit der Diskursteilnehmer getragene Wertehierarchie tatsächlich automatisch legitimiert ist. Hinweise auf andere Legitimationsinstanzen (z.B. das individuelle Gewissen) wären denkbar.
Im Anschluß daran sollten Sie sich darum bemühen, mit den Gruppenmitgliedern nach erfolgversprechenden Möglichkeiten zu suchen, die mit dem Experiment gemachten Erfahrungen im Alltag effektiv zu nutzen.

- M 1 - Die hier abgedruckte "Werte-Liste" bildet die Grundlage des Spiels.
- M 2 - Aufgabenblatt: "Individuelle Werte-Liste" und "Gruppen-Werte-Liste"

Zusätzliches Arbeitsblatt:

- Das Arbeitsblatt "Lüge: 'Ich lüge nie.'" thematisiert das nie ganz aufzulösende Spannungsfeld zwischen Bedürfnissen und Trieben einerseits und allgemeinen Werten und gesellschaftlichen Normen andererseits. Grundlage des Arbeitsblattes ist eine alltägliche Szene, in der gelogen wird.

Werte-Liste

Im folgenden werden 16 Werte genannt. Bringe die Werte ihrer Bedeutung nach in eine Rangfolge. Die Liste kann um bis zu drei Werte ergänzt werden.

Die Werte:

Selbstsicherheit

Toleranz

Umweltschutz

Reichtum

Familie

Glück

Gesundheit

Freiheit

Zuverlässigkeit

Gefühl

Vernunft

Phantasie

Solidarität

Mögliche Ergänzungen:

Individuelle Werte-Liste

Name des Gruppenmitglieds:

Meine Rangfolge:

1. ______
2. ______
3. ______
4. ______
5. ______
6. ______
7. ______
8. ______
9. ______
10. ______
11. ______
12. ______
13. ______
14. ______
15. ______
16. ______

Gruppen-Werte-Liste

Tragt in die Liste die Werte entsprechend ihrer Bedeutung ein. Der wichtigste Wert steht an erster Stelle, der unwichtigste an letzter. Die Aufnahme eines Wertes muß in der Gruppe diskutiert werden. Die Plazierung muß von der Mehrheit Eurer Gruppe befürwortet werden. Notiert kurz, warum Ihr einen Wert aufgenommen habt und warum Ihr ihn für wichtig bzw. unwichtig haltet.

Namen der Gruppenmitglieder: ______

Unsere Rangfolge:

1. Wert: Begründung:
2. Wert: Begründung:
3. Wert: Begründung:
4. Wert: Begründung:
5. Wert: Begründung:
6. Wert: Begründung:
7. Wert: Begründung:
8. Wert: Begründung:
9. Wert: Begründung:
10. Wert: Begründung:
11. Wert: Begründung:
12. Wert: Begründung:
13. Wert: Begründung:
14. Wert: Begründung:
15. Wert: Begründung:
16. Wert: Begründung:

Lüge: 'Ich lüge nie.'

Lies Dir das folgende Gespräch von vier Schülern am ersten Schultag nach den großen Ferien durch:

A: Du bist ja tierisch braun!

B: Ich war sechs Wochen in Südafrika. War der beste Urlaub, den ich je gemacht hab.

A: Geil. Wir waren nur die ersten drei Wochen weg. Mein Vater konnte nicht länger. Auf Kreta ...

C: Echt? Ich war auch auf Kreta, zusammen mit meinem Bruder! War echt klasse. Aber wir waren die letzten drei Wochen ... Wo warst Du denn? Du bist ja voll der Blasse.

D: Ich? Eh ... Ich war ... Wir waren in den Staaten! ... Aber ganz im Norden. War total gut, aber wir hatten nicht so viel Sonne. Aber sind trotzdem echt cool, die Staaten.

D war sechs Wochen bei Verwandten im Sauerland. Er fühlt sich mies nach der Lüge.

1) Warum hat **D** gelogen? Kannst Du das verstehen?
2) Niemand will angelogen werden. Deswegen wäre es nur logisch, wenn auch niemand lügen würde. Aber wir alle haben schon mal gelogen und werden auch wieder lügen. 'Wahrheit' ist trotzdem ein Wert, den jeder anerkennt. Wenn Wahrheit kein grundsätzlich anerkannter Wert wäre, gäbe es kein Vertrauen mehr zwischen den Menschen. Warum fühlt **D** sich nach der Lüge mies? Vielleicht hat er Angst, daß jemand dahinterkommt, aber ist das alles?
3) Es gibt wohl niemanden, dem die Eltern nicht beigebracht hätten, daß man nicht lügen soll, daß es schlecht ist zu lügen. Aber es gibt doch immer wieder Situationen und Gefühle, die uns veranlassen, nicht bei der Wahrheit zu bleiben. Dabei wissen wir oft schon vorher, daß wir ein schlechtes Gewissen haben werden. Es gibt dann etwas, das uns in dem Moment wichtiger ist als die Wahrheit. Was war das für **D**? Was könnte sonst noch, in anderen Situationen wichtiger sein als 'Wahrheit'?

Lüge: 'Ich lüge nie.'

4) Es gibt die Redewendung "Nichts ist grausamer als die Wahrheit." In welchen Situationen ist Wahrheit kein Wert mehr, sondern grausam? Welche Werte werden dann plötzlich wichtiger als 'Wahrheit'?

5) Sieh Dir das folgende Schema an und versuche, mit den hier benutzten Begriffen **D**s Lage zu erklären. In welchem Konflikt befand **D** sich?

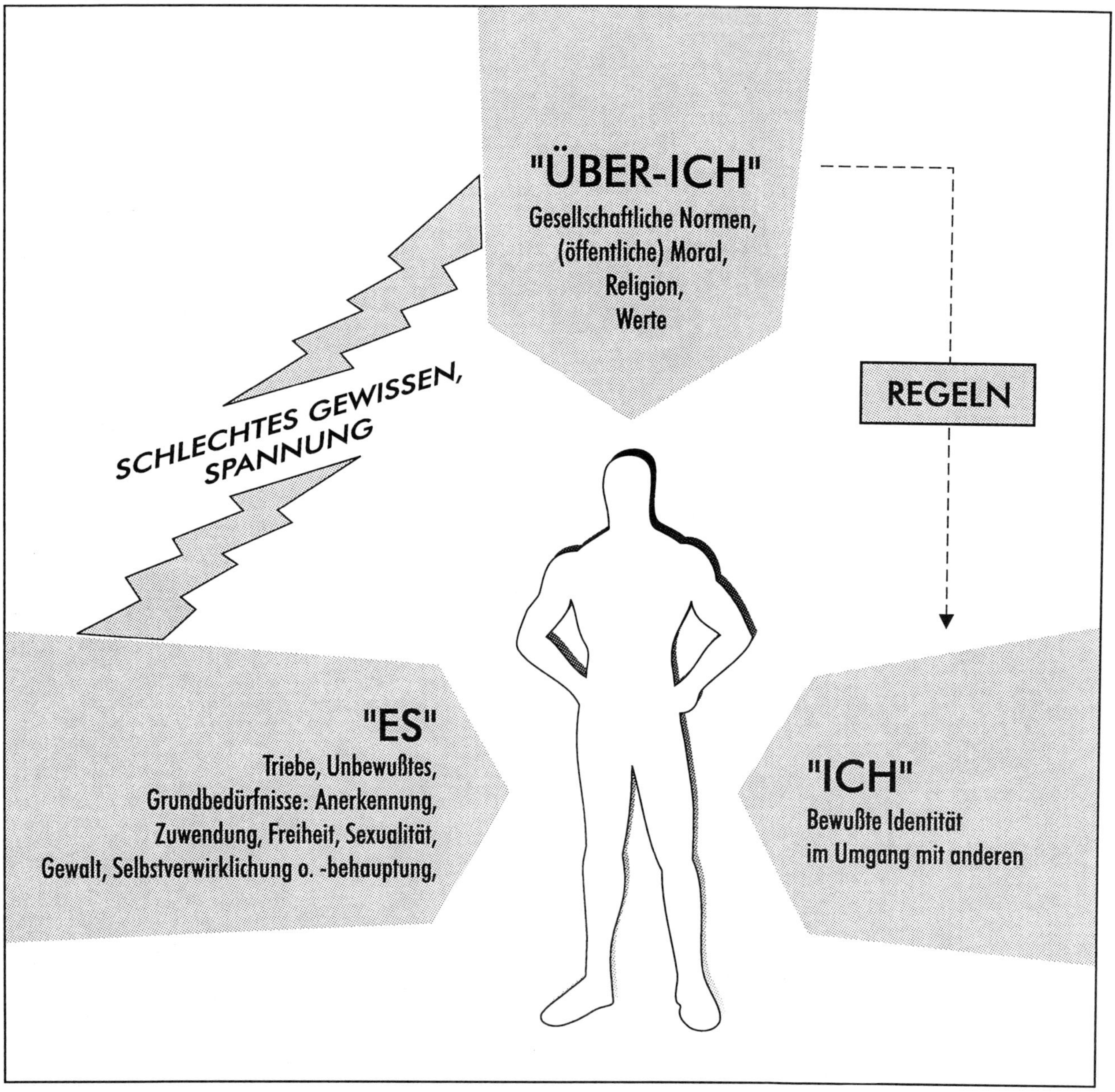

3.7 Lebensuhr

Bei diesem einfachen, aber oft folgenreichen Spiel geht es um folgende Aspekte:

- **Nachdenken über Ziele und Werte in der eigenen Lebensplanung bzw. über den Sinn solcher Ziele und Werte,**
- **kritische Gegenüberstellung persönlicher Wertevorstellung in einer Gruppendiskussion,**
- **Umgang mit Kollisionen divergierender Werthaltungen im Alltag.**

ab 12 Jahren

bis 20 Personen

a) ca. 15 Minuten für die Übung
b) ca. 30 Minuten für die Auswertung

Jedes Gruppenmitglied erhält das als Material abgedruckte Bild eines Zifferblattes (Lebensuhr, s. M 1).
Der Zeiger dieser Uhr umläuft die zwölf Abschnitte des Zifferblatts nicht in zwölf Stunden, sondern in einem Menschenleben. Die Teilnehmer sollen nun in den zwölf Abschnitten eintragen, welche Aktivitäten und Ziele sie in jedem Falle ausführen, erreichen bzw. verwirklichen möchten. Die Bedeutung der einzelnen Aktivitäten und Ziele soll durch den Umfang der Abschnitte auf der Lebensuhr, die ihr Eintrag einnimmt, zum Ausdruck gebracht werden. Das Benennen von (oft vagen) Lebenszielen erfolgt meist relativ spontan und sorglos. Nun sollte aber darüberhinaus von den Teilnehmern die Frage beantwortet werden, welche Werte hinter diesen Lebenszielen stehen.
Ein Beispiel: Angenommen ein Teilnehmer will den Großteil seines Lebens dem Reich-Werden widmen, oder dem Bauen eines bestimmten Hauses an einem bestimmten Ort. Auf die Nachfrage "Wozu?" oder "Warum?" können Sie sich natürlich nicht mit Antworten wie "Weil es halt schön ist." begnügen, sondern müssen weiterbohren. Auf längeres Nachfragen (Was kann man machen mit dem Geld?, Was verspricht man sich von Reichtum?, Was ist anders, wenn man in diesem Haus lebt? ...) könnten sich folgende Werte-Umschreibungen ergeben: "Ich möchte unabhängig sein von allen (wirtschaftlichen) Krisen. Ich möchte nicht irgendwann auf der Straße sitzen und von der Mildtätigkeit anderer abhängig sein." (Unabhängigkeit, Sicherheit); "Es ist mir total wichtig, daß ich die Tür hinter mir zu mache und in meinem Reich bin, wo ich alles machen kann, wie ich will; wo niemand mir vorschreibt, welche Tapete ich aufhängen oder wann ich die Musik leiser drehen muß. Wenn ich meine Tür hinter mir zu mache, müssen mich alle in Ruhe lassen." (Sicherheit, Individualität, Freiraum ...).

Grundsätzliches: s. S. 7, Einleitung 6b.

- Habe ich mir schon jemals Gedanken über meine Lebensziele und ihre dahinterstehenden Wertvorstellungen gemacht?
- Wie leicht bzw. schwer ist es mir gefallen, die vorgegebene Zeit mit Aktivitäten, Lebenszielen bzw. Wertvorstellungen zu füllen?
- Was habe ich durch dieses Experiment über mein Leben, meine Ziele und Wertvorstellungen erfahren?
- Welche Aktivitäten, Ziele bzw. Werte sind in der Gruppe am häufigsten genannt worden? Wie stehe ich zu diesen am häufigsten genannten Vorstellungen?
- Welche Aktivitäten, Ziele bzw. Werte sollten nach meiner Meinung den größten Teil des Lebens eines Menschen bestimmen? Warum?
- Welche Erfahrungen mit diesem Spiel kann ich für mein alltägliches Leben in welcher Form nutzbar machen?

Nachdem die Teilnehmer ihre Eintragungen in das Arbeitsblatt beendet haben, wird das Plenum in Gruppen zu 3 bis 5 Personen aufgeteilt. In den Gruppen werden die Lebensuhren vorgestellt und besprochen (ca. 15 Minuten). Anschließend findet eine vertiefende Auswertung im Plenum statt.

Man kann die Aufgabe variieren, indem man von Anfang an in Kleingruppen arbeiten und dort eine gemeinsame Lebensuhr erstellen läßt.
Bei sehr jungen Teilnehmern kann es hilfreich sein, eine Liste möglicher Aktivitäten und Ziele vorzugeben, aus der die Gruppenmitglieder dann auswählen können.

Vopel l986c und d, 1989b; Gudjons 1990;

Das Spiel dient in erster Linie dazu, den Teilnehmern Gelegenheit zu geben, sich ihrer eigen Lebensplanung bewußt(er) zu werden. Eine vertiefende Auswertung sollte insbesondere die Lebensentwürfe im Hinblick auf die ihnen zugrundeliegenden Werte thematisieren. Dabei sollte den unterschiedlichen Vorstellungen mit Toleranz und Achtung begegnet werden. Die Diskussion kann auch auf den Zusammenhang zwischen individuellen Werthaltungen und gesellschaftlichen Normen und/oder der familiären und schichtspezifischen Sozialisation eingehen.
Dazu kann das Arbeitsblatt "Gut - Böse" herangezogen werden.

- M 1 - Kopiervorlage "Lebensuhr"

Zusätzliche Materialien:

- Das Arbeitsblatt "Gut - Böse" beschäftigt sich mit der alltäglichen Orientierungsfunktion von Werten.
- Die Folienvorlage zur "Herkunft und Entstehung von Werten" kann zur Vertiefung sowohl des Spiels als auch des Arbeitsblattes herangezogen werden.

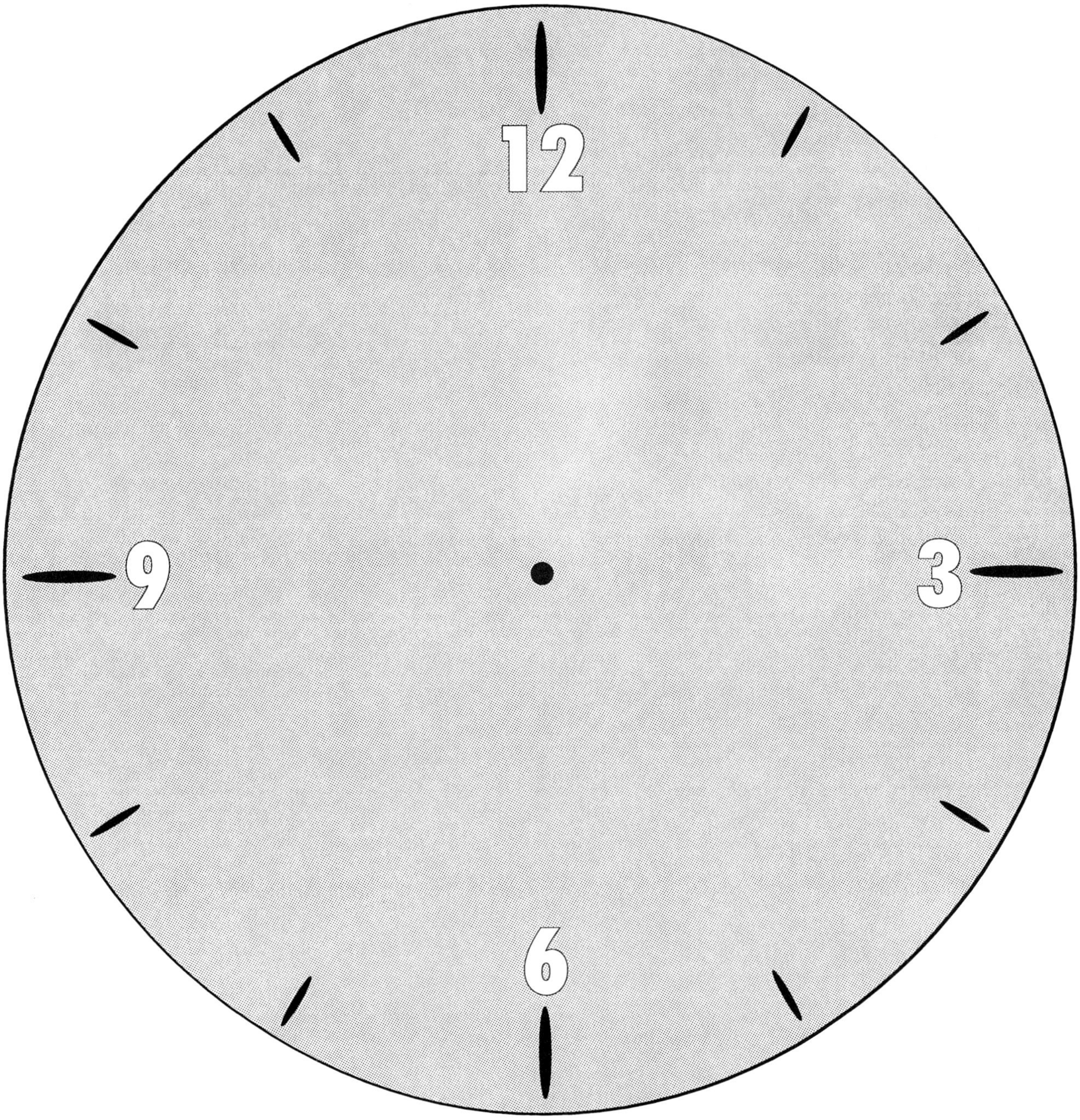

12
3
6
9

Gut - Böse

Sowohl bei unseren eigenen Handlungen als auch bei solchen, die wir nur als Außenstehende miterleben, haben wir ein deutliches Gefühl, ob sie gut oder schlecht bzw. böse sind.

1) Trage in die folgende Liste jeweils 10 gute und böse Dinge/Handlungen ein. Das können eigene Handlungen sein, die Dir noch lange ein schlechtes Gewissen bereitet haben bzw. die Dich noch heute stolz oder froh machen. Es kann etwas sein, was Du bei anderen erlebt hast und lange nicht verzeihen konntest bzw. wofür Du noch heute dankbar bist. Vielleicht gibt es auch Ereignisse aus der Geschichte, aus der Zeitung oder den Nachrichten, für die Du Menschen verachtet oder bewundert hast usw.

Gut (zu Aufgabe 1)	Wert? (zu Aufgabe 2)

Böse (zu Aufgabe 1)	Wert? (zu Aufgabe 2)

2) In der Regel ist es nicht schwer, die Entscheidung zu treffen, ob etwas gut oder böse ist. Aber warum eigentlich? Es hat etwas mit unseren Werten zu tun. Wir empfinden etwas als gut oder schlecht, wenn es unsere, oft unbewußten Werthaltungen bestätigt oder verletzt. 'Leben' ist für uns einer der höchsten, wenn nicht der höchste Wert, daher ist Mord für uns eins der schlimmsten, wenn nicht das schlimmste Verbrechen. Versuche, zu einigen Punkten aus Deiner Liste einen Wert zuzuordnen.

3) Du hast Werthaltungen, auch wenn Du noch keinen Gedanken an sie verschwendet hast. Sie sind Wegweiser, nach denen wir uns orientieren, wenn wir Entscheidungen treffen und wenn wir uns zu den Ereignissen um uns herum ein Urteil bilden. Aber offensichtlich haben nicht alle Menschen die gleichen Werthaltungen. Sie sind uns also nicht von Natur aus angeboren. Aber wo kommen sie her? Wie entwikkeln wir unsere Werthaltungen? Wie hast Du die Werte erworben, die Du oben aufgeschrieben hast?

Folienvorlage zur Herkunft von Werten

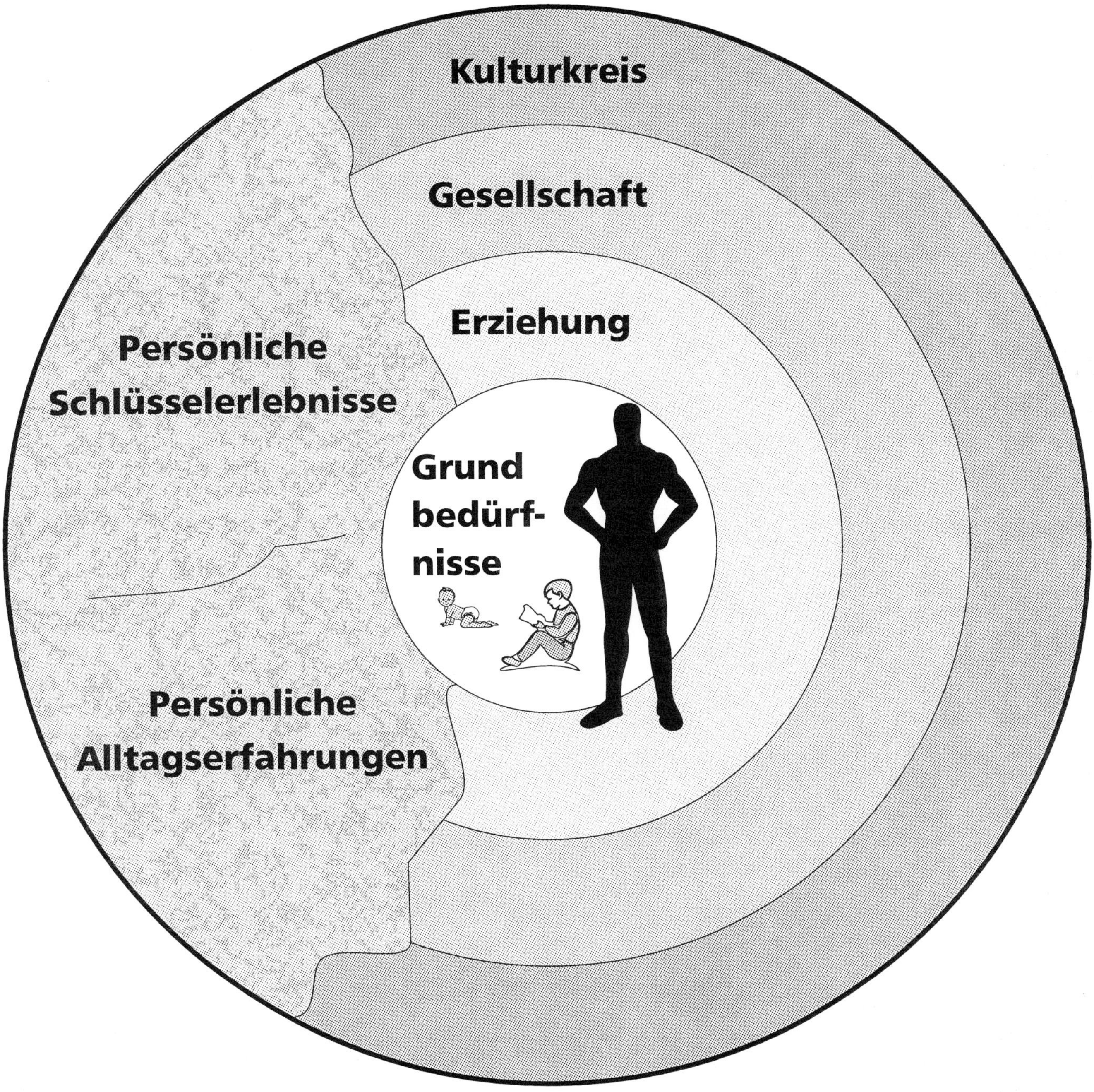

3.8 Angst-Diagramm

Dieses Spiel nähert sich bereits gruppentherapeutischen Abläufen und setzt daher eine gewisse Offenheit der Teilnehmer voraus, die meist nur erwartet werden kann, wenn sie sich länger kennen. Inhaltlich geht es um folgendes:

- **quasi als Negativfolie zu der Erarbeitung von Wertvorstellungen werden hier Sorgen und Ängste thematisiert,**
- **welche Bedeutung haben Ängste?,**
- **welcher Zusammenhang besteht zwischen Ängsten und Wertvorstellungen?**

ab 14 Jahren

bis 15 Personen

a) ca. 15 Minuten für die Übung
b) ca. 30 - 45 Minuten für die Auswertung

Jeder Teilnehmer erhält das als Material beigefügte Angst-Diagramm (s. M 1). Die Aufgabe besteht für die Gruppenmitglieder darin, das Diagramm in Einzelarbeit auszufüllen. Sie sollten aber einführend zwischen alltäglichen Ängsten und eher existentiellen oder Lebensängsten unterscheiden. Zu den alltäglichen Ängsten zählen z.B. die Angst vor Hunden (die oft auf ein Schlüsselerlebnis zurückzuführen ist), die Angst vor Elektrizität (potentiell gefährliche Phänomene, die man nicht durchschaut) oder die normale Angst vor Verletzungen (im Sport, in der Natur, im Verkehr...). Eher existentielle Ängste könnten folgende sein: Die Angst, verlassen oder allein gelassen zu werden, alleine "raus" zu gehen, berührt zu werden...
Dazu überlegt jeder zunächst, welche die (max. 7) Ängste seines Lebens sind oder waren. Stets wiederkehrende Alpträume in der Kindheit können Ausdruck existentieller Ängste gewesen sein. Die Ängste werden ihrer Intensität nach auf einer Skala von 1 bis 100 eingetragen (1 = sehr gering; 100 = sehr hoch).

Grundsätzliches: s. S.6, Einleitung 6b.

- Was habe ich durch die Übung über meine Lebensängste erfahren?
- Wie leicht bzw. schwer ist es mir gefallen, überhaupt zehn Lebensängste bzw. Sorgen zu benennen?
- Konnte ich meine Ängste nach ihrer Intensität unterscheiden?
- Konnte ich einen Zusammenhang zwischen meinen Ängsten und Werthaltungen erkennen?
- Welche Ängste sind in der Gruppe am häufigsten genannt worden? Wenn viele Individuen dieselben Ängste haben, könnte das an bestimmten (kollektiven) Werten oder Bedürfnissen liegen, die diese gemeinsam haben?
- Welche Ängste sind von den Gruppenmitgliedern als die intensivsten bezeichnet worden? Warum?

Nach Abschluß der Einzelarbeit wird das Plenum in drei Gruppen zu je 5 Personen aufgeteilt. In den Gruppen werden die Angst-Diagramme vorgestellt und die damit verbundenen Lebenserfahrungen von den Teilnehmern besprochen (ca. 15 Minuten). Anschließend erfolgt eine vertiefende Auswertung im Plenumsgespräch.

Das Spiel kann daran scheitern, daß die Teilnehmer nicht bereit (oder auch nicht in der Lage) sind, ihre existentiellen Ängste aufzudecken und demzufolge nur vordergründige Sorgen benennen. Sie sollten das berücksichtigen und das Spiel nach Möglichkeit nur in solchen Gruppen einsetzen, deren Mitglieder sich bereits etwas kennen.
Bei älteren Teilnehmern kann die Reflexion auf die hinter den Ängsten verborgenen Wertsysteme bereits ansatzweise in der ersten Auswertungsphase in Kleingruppen erfolgen. Sie sollten in diesem Falle mit einer insgesamt längeren Auswertungszeit rechnen.

3.8 Angst-Diagramm

Vopel 1986c u. d, 1989a u. b; Grom 1976; Kliebisch/Wach 1994; Kliebisch 1995; Fensterheim/Baer 1987; Lazarus/Fay 1985; Knaus 1974; Schelp u.a. 1990; Bandler 1987 u. 1991; Brenner 1982; Eberlein 1985; Müller 1988

Das Spiel ist zunächst geeignet, den Teilnehmern ihre Lebensängste bewußt(er) zu machen. Das Gelingen der Übung ist allerdings sehr davon abhängig, inwieweit sich die Gruppenmitglieder dem Spiel öffnen.
Eine vertiefende Auswertung gilt aber den hinter den Ängsten liegenden Überzeugungssystemen wie Wert- und Normvorstellungen.

- M 1 - Angst-Diagramm

Zusätzliche Arbeitsblätter:

- Arbeitsblatt: "Der Zusammenhang von Wertsystemen und Angst"
- Arbeitsblatt: "Rassisten haben Angst"

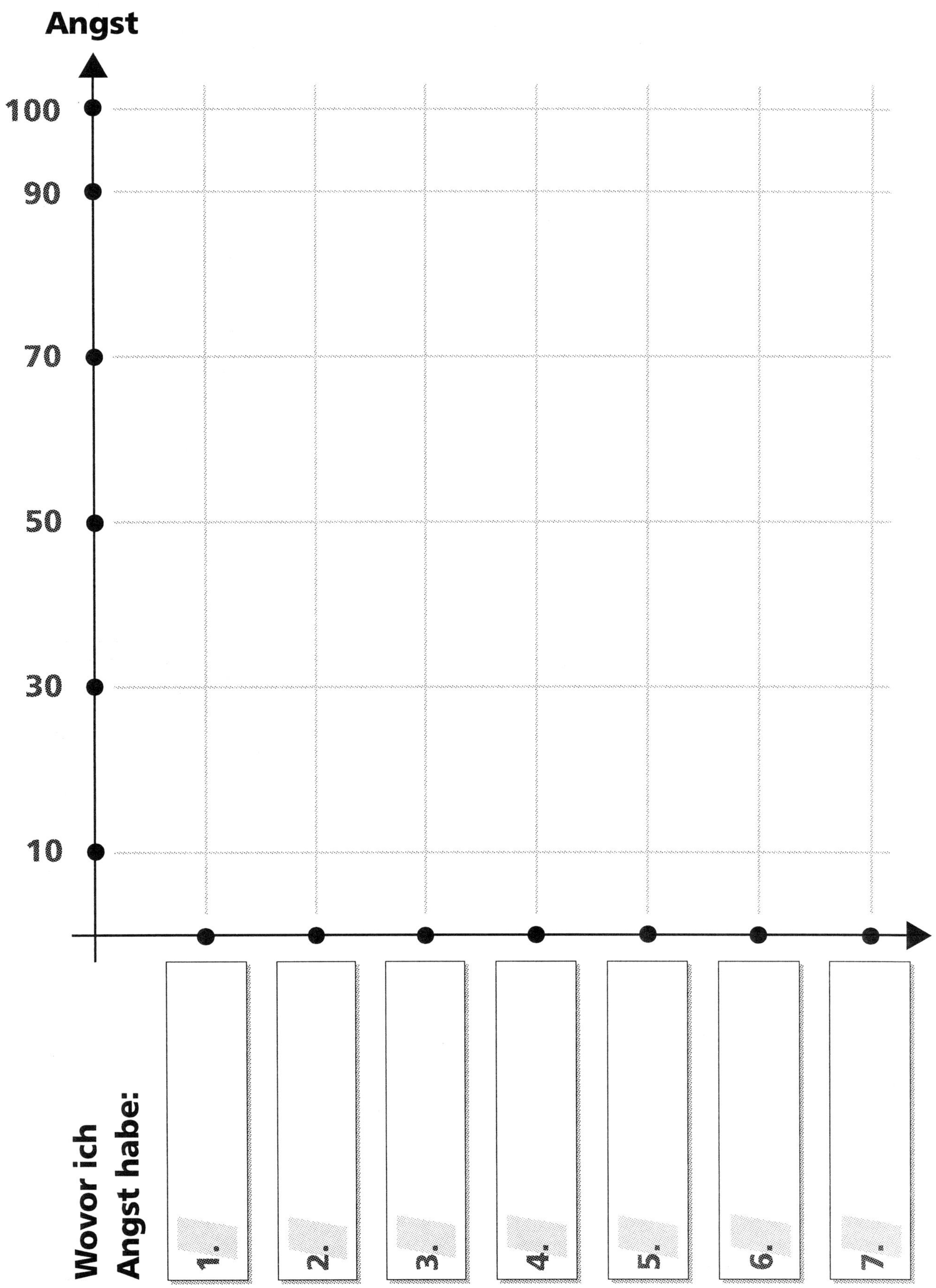
Angst
100
90
70
50
30
10
Wovor ich Angst habe:
1.
2.
3.
4.
5.
6.
7.

Der Zusammenhang von Wertsystemen und Angst

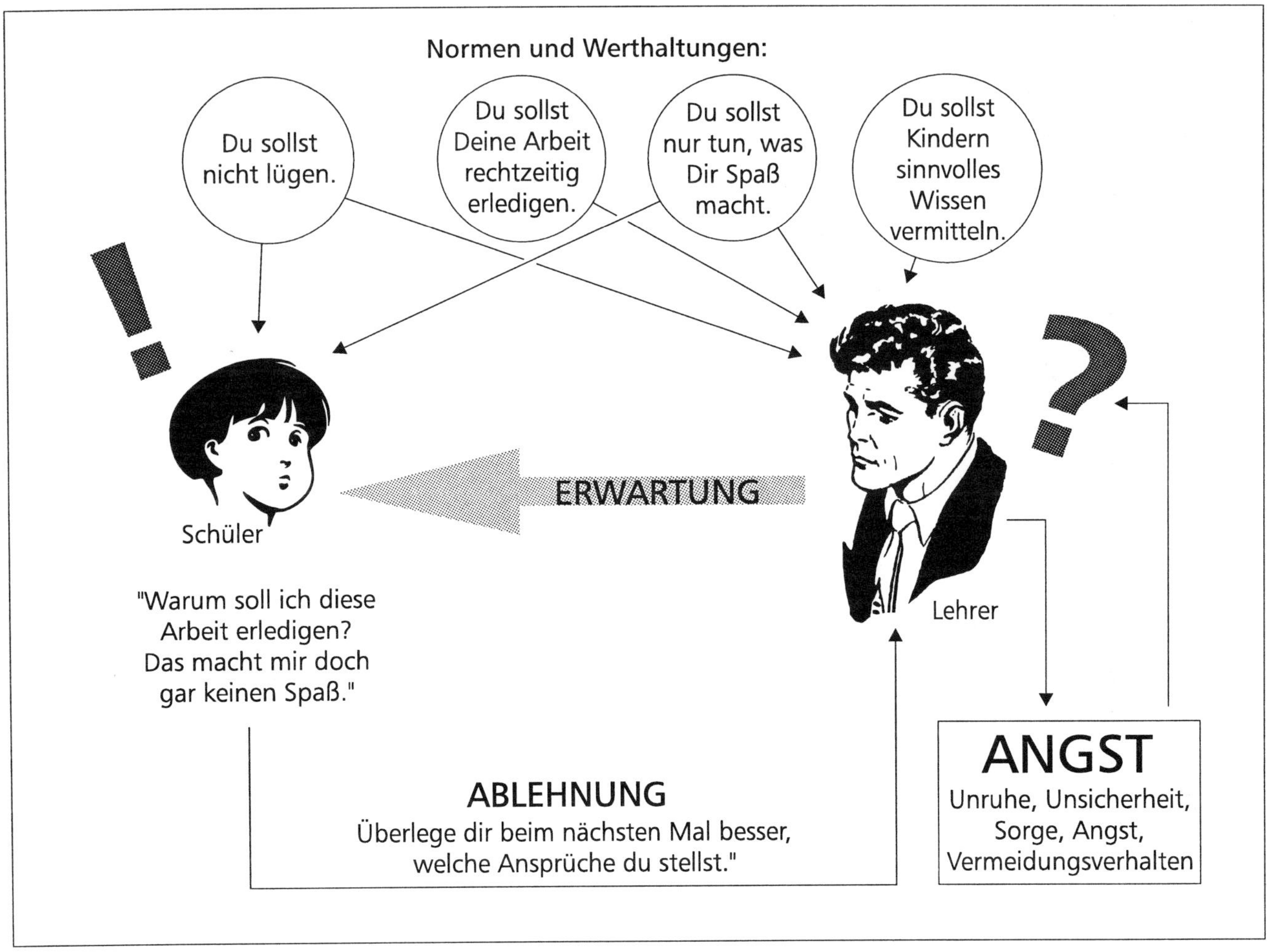

Erläuterung:

Ein Lehrer will einem Schüler klar machen, daß er rechtzeitig eine bestimmte Hausaufgabe erledigen soll. Der Lehrer begründet seinen Anspruch mit der Norm: "Du sollst deine Arbeit rechtzeitig erledigen." Der Lehrer hat diese Norm in seiner Jugend gelernt und verinnerlicht. Dem Schüler ist diese Norm allerdings fremd. Er reagiert auf die Erwartung des Lehrers, indem er sich auf zwei andere Normen beruft: "Du sollst nicht lügen." und "Du sollst nur tun, was Dir Spaß macht." Deshalb sagt er dem Lehrer, daß ihn die Aufgabe nicht interessiert und er keine Lust hat, sie zu erledigen. Beim Lehrer löst diese Situation einen inneren Konflikt aus. Für ihn ist die Norm "Du sollst Kindern sinnvolles Wissen vermitteln." durch das Verhalten des Schülers stark gefährdet. Der Lehrer wird unruhig. Nimmt der Widerstand des Schülers zu, wird der Lehrer unsicher und besorgt. Lehnt eine ganze Schülergruppe ab, die Aufgabe zu erledigen, wird der Lehrer mit Angst reagieren.

1) Überlegt, wie die Situation ausgeht, wenn der Schüler die Normen des Lehrers teilt.
2) Was würde geschehen, wenn der Lehrer die Norm "Du sollst nur tun, was Dir Spaß macht." verinnerlicht hätte?
3) Wie würde sich die Situation entwickeln, wenn der Schüler die Norm des Lehrers übernähme?
4) Was sagt das Beispiel über die Gültigkeit von Normen?

"Rassisten haben Angst"

Wir werden auch von unserer Umgebung erzogen, nicht nur von unseren Eltern und Lehrern. Was wir von unseren Mitmenschen erwarten, hängt auch davon ab, was uns die Menschen in der Nachbarschaft, dem Heimatort, der Region und der Gesellschaft insgesamt vorgelebt haben. Wir haben also eine bestimmte Erwartung, wie Menschen sich kleiden, wie sie uns begrüßen und ansprechen, wie und was sie essen, wie sie sich ihre Wohnung einrichten und wie sie sich in der Öffentlichkeit benehmen, weil wir es einfach so gewohnt sind.

Ausländer sind anders: Sie reden anders, sie kleiden sich anders, hören ganz andere Musik und benehmen sich oft in der Öffentlichkeit anders. Wenn wir im Ausland sind, benehmen wir uns ja auch ganz anders als die 'Inländer'. Wir sind alle Ausländer, fast überall.

Ausländer sind anders: Die Menschen in Afrika, Asien, Europa und Amerika unterscheiden sich äußerlich vor allem in der Haut-, der Haar- und der Augenfarbe. Das hat mit äußeren Bedingungen zu tun, unter denen sich die Bevölkerung in den verschiedenen Teilen der Welt weitestgehend isoliert voneinander über Millionen von Jahren entwickelt hat. Aber diese Isolierung besteht nicht mehr. Heute leben die Menschen mehr denn je zusammen in der Welt: Sie reisen ins Ausland, kaufen Fernseher, Autos und Käse aus dem Ausland, müssen oft fliehen ins Ausland, wohnen, arbeiten, lieben und heiraten im Ausland.

Rassisten glauben, daß Zusammenhänge zwischen den äußeren Merkmalen der Menschengruppen auf den verschiedenen Kontinenten einerseits und ihren kulturellen Fähigkeiten und ihrer historischen Bedeutung andererseits bestehen. Die verschiedenen Entwicklungen in verschiedenen Teilen der Welt haben für einen Rassisten keine wirtschaftlichen und gesellschaftspolitischen Gründe, sondern sind biologisch vorbestimmt. Nach ihren biologischen Äußerlichkeiten sind Menschen in der rassistischen Denkweise mehr oder weniger wert. Alle die 'anders' als sie selbst sind, sind für Rassisten weniger wert.

"Rassisten haben Angst"

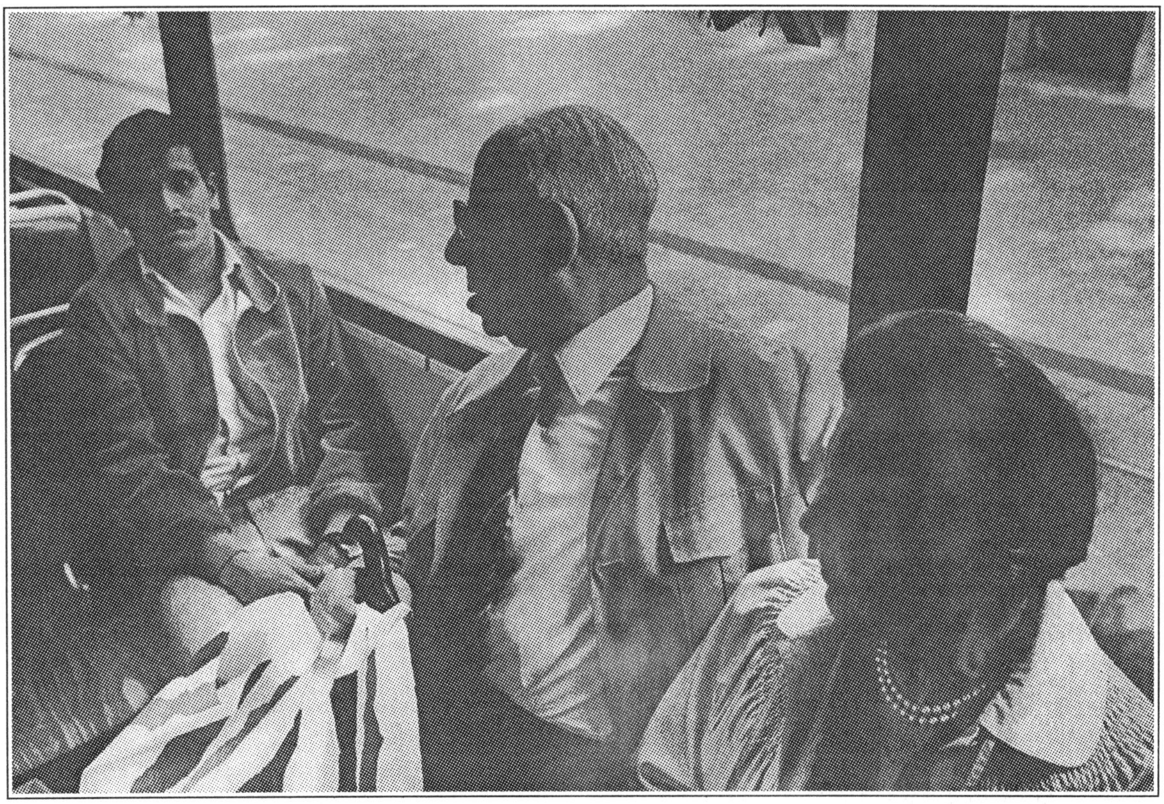

1) Beschreibe die Bilder: die Situation, die Menschen und ihre Haltung.
2) Viele Menschen fühlen sich durch Ausländer 'ver**un**-**sicher**t'. Warum? Findest Du Hinweise dazu in dem kurzen Text unter dem ersten Bild?
3) Sicherheit ist ein Grundbedürfnis bzw. -wert. Es gibt simple und schwierigere Möglichkeiten, seine innere 'Sicherheit' im Umgang mit Menschen aus anderen Teilen der Welt zu erhalten. Wie 'funktioniert' Rassismus in diesem Zusammenhang? Welche positiveren, aber auch anspruchsvolleren Verhaltensweisen gibt es?
4) Ein Psychologe hat gesagt: "Das Fremde macht Angst; erst wenn es nicht mehr fremd, sondern bekannt ist, geht die Angst." Was hältst Du davon? Welche Werte oder Grundbedürfnisse sind berührt, wenn wir mit etwas Fremden zu tun haben? Wie wird etwas 'Fremdes' bekannt, wie 'lernt man es kennen'? Was muß dazu beigetragen werden?
5) Haben die auf den Bildern dargestellten Situationen etwas mit Rassismus zu tun?
6) Welche Schwierigkeiten ergeben sich, wenn man die Welt der Menschen nach Maßstäben der Biologie beurteilt?

Du kannst auf der Rückseite dieses Blattes weiterschreiben.

3.9 Berufswahl

In diesem Spiel werden die Wertvorstellungen der Teilnehmer über ihre Berufswünsche ermittelt. Dabei sollen sie

- **sich auf ihre eigenen Fähigkeiten und Möglichkeiten besinnen,**
- **die mit bestimmten Berufsbildern verbundenen Wertvorstellungen reflektieren.**

ab 15 Jahren

bis 20 Personen

a) ca. 30 - 40 Minuten für die Übung
b) ca. 30 Minuten für die Auswertung

Die Teilnehmer erhalten das als M 1 abgedruckte Blatt "Berufswahl" und bearbeiten es in Einzelarbeit (ca. 15 Minuten). Die Aufgabe besteht darin, sich mit selbst ausgewählten Berufsbildern unter den Gesichtspunkten "Fähigkeiten bzw. Voraussetzungen" und "Wertvorstellungen" auseinanderzusetzen und zu beurteilen, in welchem Maße und warum die entsprechenden Berufe den eigenen Wünschen entsprechen.
Anschließend wird das Plenum in Gruppen zu vier Personen aufgeteilt, die miteinander ihre bisherigen Arbeitsergebnisse besprechen. Zusätzlich können Sie jeder Gruppe das Aufgabenblatt M 2 (ca. 15-25 Minuten) geben.

Grundsätzliches: s. S. 7, Einleitung 6b.

- Was ist mein Berufswunsch? Warum? Welche Ziele und Werte möchte ich damit erreichen bzw. verwirklichen?
- Welche Schwierigkeiten sehe ich in bezug auf die Möglichkeiten, meinen Berufswunsch zu realisieren?
- Welche Bedeutung hat ein Beruf für mich?
- Welche Alternativen zu meinem Berufswunsch / meinem jetzigen Beruf gibt es für mich?
- Wie gefällt mir mein jetziger Beruf? Was gefällt mir an meinem jetzigen Beruf nicht? Weshalb?
- Welche Konsequenzen hätte es für mich, wenn ich meine berufliche Situation verändern würde?

Nach der Auswertung durch die Kleingruppen erfolgt ein weiterführendes Gespräch im Plenum.

Die Teilnehmer können auch die selbst ausgewählten Berufsbilder zusätzlich nach der Bedeutung, die diese für sie haben, hierarchisieren, bevor die Übung mit dem Arbeitsblatt M 2 fortgesetzt wird. Ggf. kann man bereits nach der Hierarchisierung eine Auswertungsphase im Plenum anschließen und/oder von den Teilnehmern in Kleingruppen eine gemeinsame Berufehierarchie entwickeln lassen.
In der Grundversion ist die Übung besonders geeignet für Teilnehmer im Alter von ca. 15 bis 20 Jahren, die noch nicht berufstätig sind. Führt man die Übung mit bereits im Beruf stehenden Teilnehmern durch, sollte das Schwergewicht auf die Aspekte "alternative Berufsbilder" und "(Un-)Zufriedenheit mit dem eigenen Berufsleben" gelegt werden.

Vopel 1986c u. d, 1989b u. 1990;
Gudjons 1990; Bundesanstalt für Arbeit 1991

Die Übung bietet den Gruppenmitgliedern vor allen Dingen Gelegenheit, sich ihrer zukünftigen beruflichen Vorstellungen und Wünsche oder auch ihrer jetzigen beruflichen Situation bewußt(er) zu werden und nach der Kongruenz zwischen eigenem Vermögen und Berufswirklichkeit zu fragen. Sie können in diesem Zusammenhang im Rahmen einer vertiefenden Auswertung helfend eingreifen, indem Sie über bestimmte Berufsbilder informieren, Vorurteile und falsche Annahmen korrigieren und Möglichkeiten und Voraussetzungen für bestimmte Berufe besprechen.
Das Spiel kann von seiner Intention her ausgezeichnet in Projekttage zur Berufskunde integriert werden. Von daher erscheint es auch sinnvoll, entsprechende Materialien der Bundesanstalt für Arbeit einzusetzen und ggf.

zusätzlich Mitarbeiter des örtlichen Arbeitsamtes als Gesprächspartner einzubeziehen. Wünschenswert wäre zudem, wenn darüber hinaus den Teilnehmern konkrete Handlungsmöglichkeiten geboten werden könnten, sich für die Zukunft selbst in bezug auf ihre persönlichen Berufsvorstellungen kundig zu machen (Transfer!).

- M 1 - Aufgabenblatt "Berufswahl"
- M 2 - Gruppenarbeitsblatt zu Traumberufen

Zusätzliches Arbeitsblatt:

- Das Arbeitsblatt "Beruf - Wert" drängt die Teilnehmer dazu, sich im Zusammenhang von verschiedenen Berufen (Berufungen?) darüber Gedanken zu machen, welche Werte sie in ihrem Leben verwirklichen wollen.

Berufswahl

Wähle sieben verschiedene Berufe aus und bearbeite die Fragen.

Berufe	Welche Fähigkeiten/Vorraussetzungen brauche ich für diesen Beruf?	Welche Wertvorstellungen würde ich mit diesem Beruf verwirklichen?
1.		
2.		
3.		
4.		
5.		
6.		
7.		

Gruppenarbeitsblatt zu Traumberufen

Bearbeitet in Eurer Gruppe die folgenden Fragen. Notiert Eure Antworten in den dafür vorgesehenen Leerzeilen.

1. Welche Traumberufe habt Ihr? Warum möchtet Ihr diese Berufe ausüben?

Bild: DRK

2. Welche Voraussetzungen müßtet Ihr mitbringen, um die Traumberufe auszuüben?

3. Welche Alternativen gibt es für Euch zu diesen Traumberufen?
   Welche Voraussetzungen müssen erfüllt sein, um diese Alternativen zu verwirklichen?

Beruf - Wert

Die Bilder stellen sehr unterschiedliche Berufe dar. Für viele Menschen hat ihre Berufswahl auch etwas mit Selbstverwirklichung zu tun. Es ist natürlich auch oft so, daß man das tun muß, was sich gerade anbietet. Nicht jeder hat die Möglichkeit, beruflich das zu tun, was er am liebsten tun würde. Aber wir gehen jetzt mal davon aus, wir könnten es. Auf die Art und Weise wird manchen erst bewußt, in welchem Beruf sie überhaupt gerne arbeiten würden.

• Instrumentenbauer

• Polizist

• Arbeiter an einer Turbine

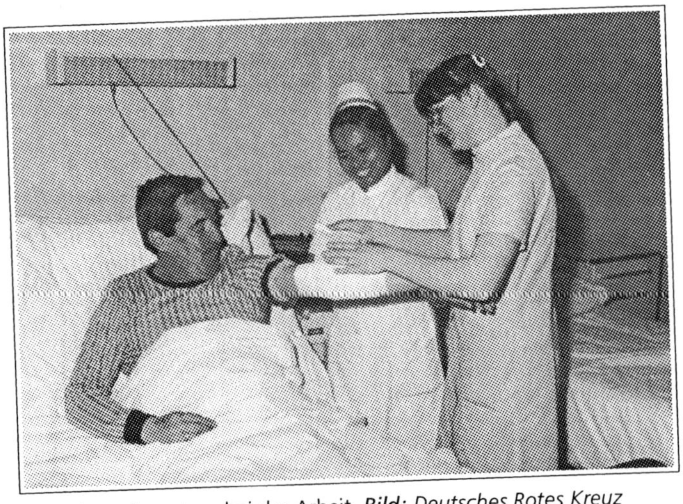

• Krankenschwestern bei der Arbeit. *Bild: Deutsches Rotes Kreuz*

1) Sieh Dir die Bilder gut an. Überlege zuerst, was die Arbeit demjenigen, der sie ausführt, an Positivem bietet oder inwiefern sie ihn befriedigen könnte (Umgang mit Menschen, etwas 'schaffen', Sicherheit, etwas Schönes oder Nützliches herstellen, Einfluß und Macht gewinnen, Menschen Gutes tun ...). Kannst Du diesem positiven Aspekt einer Arbeit einen Wert zuordnen?

2) Oft wird eine Arbeit als befriedigend empfunden, weil sie 'nützlich' ist. Viele Menschen arbeiten gerne, wenn sie sehen, daß sie damit eine der Gemeinschaft, der Gesellschaft nützliche Tätigkeit ausüben. Welche Werthaltung steht hinter dieser Einstellung? Auf welche der abgebildeten Berufe trifft das in besonderem Maße zu, auf welche weniger?

3) Manche Berufe genießen eine höhere gesellschaftliche Anerkennung als andere. Welche Eigenschaften müssen Berufe haben, damit sie besonders anerkannt werden? Inwieweit beeinflußt das Deine Berufswahl?

4) Kann man etwas über die Werte einer Gesellschaft sagen, wenn man weiß, welche Berufe sie besonders hoch bewertet?

3.10 Eigenschaften

Das folgende Spiel will über die Bewußtmachung von Erwartungen und (Vor-) Urteilen gegenüber bestimmten Menschen oder Gruppen eine Auseinandersetzung mit den eigenen Werthaltungen anregen. Folgende Aspekte werden dabei behandelt:

- **Bewußtmachen und kritisches Überprüfen von eigenen Bildern, Vorurteilen und schließlich Werthaltungen gegenüber bestimmten Menschen oder Personengruppen,**
- **Lernen, bestimmte Wertvorstellungen im Blick auf einen Gruppenkonsens zu relativieren und sich tolerant zu verhalten, andere Wertvorstellungen aber im Konflikt aufrechtzuerhalten und zu verteidigen,**
- **Lernen, zuzuhören und Andersdenkende ernst zu nehmen und dabei intensive rational-kontroverse Auseinandersetzungen nicht zu vermeiden.**

ab 15 Jahren

bis 20 Personen

a) ca. 30 Minuten für die Übung
b) ca. 45 Minuten für die Auswertung

Das Plenum wird in Gruppen zu je 4 - 5 Personen aufgeteilt. Jede Gruppe erhält (einmal!) das als Material 1 abgedruckte Aufgabenblatt. Die Aufgabe besteht darin, vorgegebenen Personen bzw. Menschengruppen jeweils drei Eigenschaften zuzuordnen, die diese für das Bewältigen ihrer spezifischen Aufgabe unbedingt haben sollten. Es können auch Werte eingetragen werden, die man mit diesen Menschen assoziiert. Die Auswahl der Eigenschaften/Werte muß jeweils stichwortartig begründet werden. Die Reihenfolge, in der sie notiert werden, gibt gleichzeitig deren Bedeutung an (= Rangfolge).
Es dürfen nur solche Eigenschaften/Werte notiert werden, die in der Gruppe diskutiert und mehrheitlich als zutreffend beschrieben wurden. Ebenso darf auch der Rangplatz einer Eigenschaft nur dann festgelegt werden, wenn die Mehrheit der Gruppenmitglieder damit einverstanden ist.
Die Auseinandersetzung in der Gruppe soll höchstens 30 Minuten dauern.

Grundsätzliches: s. S. 7, Einleitung 6b.

- Hat die Mehrheit der Gruppenmitglieder identische Eigenschaften/Werte mit den angegebenen Personen verbunden? War es leicht, sich zu einigen?
- Wie ist die Gruppe mit sehr unterschiedlichen Meinungen fertig geworden?
- Wie haben wir in der Gruppe Einigung darüber erzielt, welche Eigenschaften bzw. Fähigkeiten schließlich auf welchen Rangplatz gekommen sind?
- Konnte ich spontan bestimmte Werte/Eigenschaften mit Begriffen wie Mutter, Lehrer, Freund verbinden?
- Wie tolerant haben sich die Teilnehmer verhalten? Wie klar wurden die einzelnen Auffassungen begründet? Wie gut konnte ich meine Meinung begründen?

Zunächst stellt jeweils ein Gruppensprecher die Ergebnisse der Gruppe in Form eines Kurzreferats dar. Anschließend versucht das Plenum auf der Grundlage der Gruppenresultate, eine gemeinsame Rangliste der Eigenschaften und Werte aufzustellen (ca. 20 Minuten). Danach erfolgt ein vertiefendes Auswertungsgespräch.

Man kann die Durchführung und Auswertung des Spiels auf verschiedene Weise variieren, muß dabei aber mit veränderten Spielzeiten rechnen:
Zunächst erhalten alle Teilnehmer das Aufgabenblatt, worauf sie ihre Rangfolge von Eigenschaften in Einzelarbeit notieren. Dann verfährt man wie oben beschrieben.
Bei einem kleineren Plenum (bis höchstens 10 Teilnehmer) kann auf eine Gruppenarbeit verzichtet und die Aufgabe sofort im Plenum angegangen werden.

Es kann eine Liste von Eigenschaften vorgegeben werden. Dies sollten Sie insbesondere bei jüngeren Teilnehmern in Erwägung ziehen.
Man kann die Liste der Personen(gruppen) verändern bzw. ergänzen. Interessant ist hierbei, wenn die Teilnehmer sich selbst mit in die Liste aufnehmen.
Insbesondere bei jüngeren Teilnehmern sollten Sie den Stellenwert der gemeinsamen Diskussion in der Gruppe klar herausstellen. Andernfalls besteht die Gefahr, vorschnell durchgeführter, argumentativ nicht hinreichend abgesicherter Abstimmungen.

Vopel 1986d u. 1989b;
Kliebisch 1981 u. 1995; Gudjons 1990;
Sharan 1976; Zöller 1979;
Schulz v. Thun 1989a

Durch das Benennen von Eigenschaften und Fähigkeiten, die andere Menschen oder Personengruppen haben sollten, werden zugleich auch spezifische Werthaltungen des Sprechers den entsprechenden Menschen gegenüber transparent. Dies gilt auch dann, wenn es sich dabei mitunter um tradierte, vorurteilsbehaftete Einschätzungen und Wunschvorstellungen handelt. Das Spiel dient daher in erster Linie dazu, den Teilnehmern ihre Wertungen in bezug auf bestimmte andere Menschen oder Personengruppen bewußt(er) zu machen.
Gleichzeitig erhalten die Gruppenmitglieder die Gelegenheit, eigene Werthaltungen zu überprüfen, gegenüber anderen zu begründen und im Sinne ihrer Überzeugungen für einen Konsens einzutreten.
Eine vertiefende Auswertung sollte sich diese Aspekte zunutze machen und vorzugsweise die (wahrscheinlich) recht unterschiedlichen Wert-Hierarchien der einzelnen Gruppen zum Anlaß nehmen, über die teilweise Relativität von Werthaltungen zu sprechen.
Sie sollten vor diesem Hintergrund in keinem Falle versäumen, mit den Teilnehmern über praktische Konsequenzen dieser Einsicht zu sprechen (Transfer!). In diesem Zusammenhang lohnt es sich, besonders den Gedanken der Toleranz ins Spiel zu bringen. Dabei sollte man allerdings den qualitativen Unterschied zwischen einer toleranten und einer gleichgültigen Einstellung anderen gegenüber verdeutlichen, um so einer fehlerhaften Identifizierung der beiden Haltungen vorzubeugen.

- M 1 - Bei diesem Gruppenaufgabenblatt setzen sich die Teilnehmer mit der Frage auseinander, ob mit bestimmten Personen (im Fall der Mutter vielleicht archetypisch) feste Werte verbunden oder zumindest assoziiert werden.

Zusätzliche Arbeitsblätter:

- Die Arbeitsblätter "Werte sind (manchmal) relativ" setzen sich mit der Tatsache auseinander, daß manche Werthaltungen nur in bestimmten Gesellschafts- und Wirtschaftsordnungen 'gedeihen' können.

3.10 Eigenschaften — M1

Gruppenaufgabenblatt

Auf diesem Blatt findet Ihr insgesamt 5 Bezeichnungen für bestimmte Menschen oder Personengruppen. An 6. Stelle findet Ihr eine Leerstelle, in die Ihr selbst noch eine Person/einen Beruf eintragen könnt. Ihr sollt in der Gruppe diesen Personen jeweils drei Eigenschaften oder Werte zuordnen, von denen ihr meint, daß sie die betreffenden Menschen unbedingt haben sollten. Die Reihenfolge, in der Ihr die Eigenschaften oder Werte notiert, geben gleichzeitig die Bedeutung an, die Ihr ihnen zumeßt. In der Gruppe dürfen nur Mehrheitsentscheidungen akzeptiert werden: das gilt sowohl für die Aufnahme einer Eigenschaft in die Liste als auch für deren Rangplätze. Jede Entscheidung muß vorher diskutiert und anschließend stichwortartig begründet werden.

1. Mutter

1. ____________________

Begründung: ____________________

2. ____________________

Begründung: ____________________

3. ____________________

Begründung: ____________________

2. Freund/in

1. ____________________

Begründung: ____________________

2. ____________________

Begründung: ____________________

3. ____________________

Begründung: ____________________

3. Lehrer/in

1. ____________________

Begründung: ____________________

2. ____________________

Begründung: ____________________

3. ____________________

Begründung: ____________________

4. Vorgesetzte/r

1. ____________________

Begründung: ____________________

2. ____________________

Begründung: ____________________

3. ____________________

Begründung: ____________________

5. Politiker/in

1. ____________________

Begründung: ____________________

2. ____________________

Begründung: ____________________

3. ____________________

Begründung: ____________________

6. ____________________

1. ____________________

Begründung: ____________________

2. ____________________

Begründung: ____________________

3. ____________________

Begründung: ____________________

Werte sind (manchmal) relativ

In Deutschland sind Selbstverwirklichung und Unabhängigkeit sehr anerkannte Werte. 35 % aller deutschen Haushalte sind Ein-Personen-Haushalte, sogenannte Single-Haushalte. Weitere 30 % aller deutschen Haushalte sind Zwei-Personen-Haushalte. Alleine in einer Wohnung zu leben, wird nicht mit Einsamkeit in Verbindung gebracht, sondern als Garant von Freiheit und Individualismus verstanden. Da fast zwei Drittel aller deutschen Haushalte nur noch aus einer oder zwei Personen bestehen, kann man sagen, daß hinter den wenigsten deutschen Wohnungstüren heute noch eine Familie wohnt. In Marokko leben dagegen in über 63 % aller Haushalte 5 oder mehr Personen.

Alltagsszenen in Marokko

Born to be **moved.**

Für die Nomaden von heute. Ob Bewegungsdrang oder Sachzwang, der Freundin hinterher, dem Freund voraus, ob Einstieg oder Aufstieg, spontan oder geplant: Diese Küche ist so mobil wie Ihre Verhältnisse und so konstant wie Ihre Ansprüche. Beim Komfort gibt's keine Abstriche.

Die Küche für Singles in einer Werbung von 1995.

Gemeinsame Werbung einer Bank und einer Bausparkasse, 1995.

Ihr wollt alles? Ihr kriegt alles.

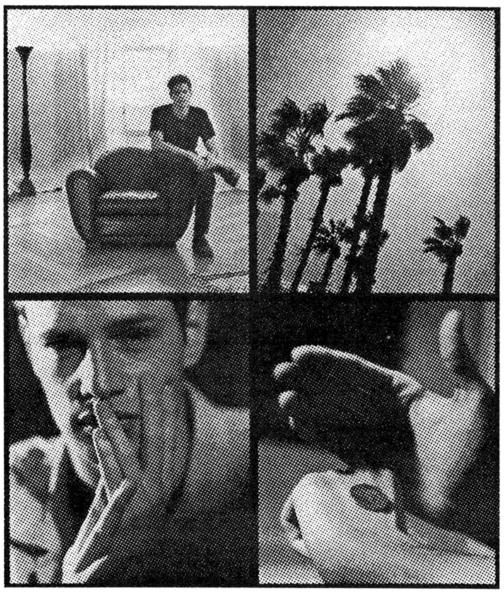

Neues Auto, Traumurlaub oder 'ne eigene Wohnung? Schluß mit Entweder - Oder. Wer viel will, kann alles kriegen. Denn jetzt gibt's ZielsparPlan: Wohnen. Einfach für alles. So hat man mehr Zeit für den Spaß im Leben.

Der Single-Lebensstil: die Werbung richtet sich auf Wünsche und Bedürfnisse der Singles ein.

Werte sind (manchmal) relativ

Bearbeite die folgenden Aufgaben. Du kannst auch auf die Rückseite schreiben.

1) Die Werbungen werben in den Bereichen 'Wohnen' und 'Auto'. Die Produkte werden in den Entwurf eines ganzen Single-Lebensstiles eingebettet. Mach Dir eine Liste der Dinge und Tätigkeiten, die in der Werbung in den Texten und Bildern vorkommen und die offenbar für diesen Lebensstil wichtig sind.

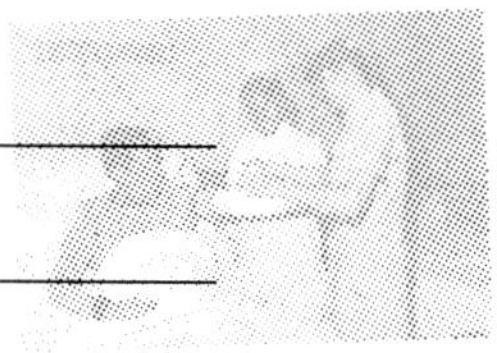

2) Oft sind in der Werbung konkrete Dinge Symbole für etwas. Warum liegen in der Küchenwerbung so viele Früchte in der Küche herum? Was soll die Taucherausrüstung? Warum liegt in der rechten Werbung ein Geldstück auf der Hand? Warum liegt es auf dem Rücken der Hand, und warum hält er die Hände so komisch? Überlege Dir mal zu einigen Dingen aus der Werbung, warum sie wohl benutzt wurden und was sie symbolisieren könnten.

3) Wie beurteilst Du den Lebensentwurf aus der Werbung? Welche Werte spielen eine Rolle?

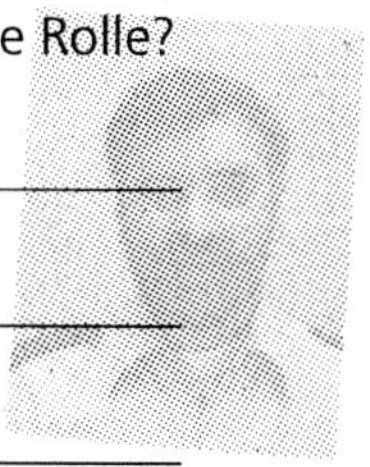

4) Haben die Marokkaner andere Werte oder leben sie einfach lieber mit vielen Leuten zusammen? Besteht ein Zusammenhang zwischen den wirtschaftlichen Lebensbedingungen und den Werthaltungen einer Gesellschaft?

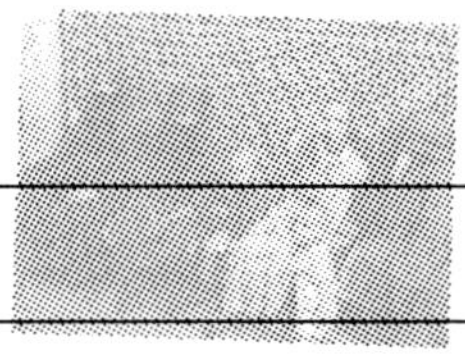

5) Vielleicht sind den Marokkanern Unabhängigkeit und Selbstverwirklichung genauso wichtig wie vielen Deutschen. Sie haben sicher größere Probleme, diese Werte auszuleben. Aber kannst Du Dir darüberhinaus Werte vorstellen, die in einer Gesellschaft, in der die überwiegende Mehrheit mit mehr als 5 Menschen zusammenlebt, viel wichtiger sind als in Deutschland?

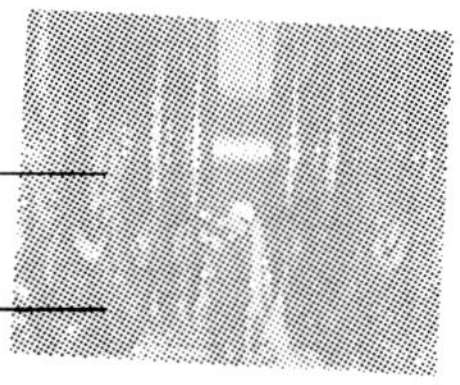

Literaturverzeichnis

Allerbeck, K. und W. Hoag:
"Wertewandel oder gewandelte Verhältnisse?"
In: Deutsches Jugendinstitut (Hg.). Immer diese Jugend - Ein zeitgeschichtliches Mosaik 1945 bis heute. München 1985, S. 411-420.

Apel, K.-O.:
Transformation der Philosophie - Bd. 2: Das Apriori der Kommunikationseigenschaft.
Frankfurt/M. 1976.

Bachmair, S.:
Beraten will gelernt sein.
Ein praktisches Lehrbuch für Anfänger und Fortgeschrittene. 4. überarb. Aufl., München 1989.

Bandler, R.:
Veränderungen des subjektiven Erlebens.
Fortgeschrittene Methoden des NLP. Paderborn 1987.

Bandler, R:
Bitte verändern Sie sich ... jetzt!
Paderborn 1991.

Bandler, R. und J. Grinder:
Neue Wege der Kurzzeit-Therapie.
9. Aufl., Paderborn 1991.

Bateson, G.:
Ökologie des Geistes.
Anthropologische, psychologische und epistemologische Perspektiven. Frankfurt/M. 1990.

Benson, H.:
"Das Anti-Streß-Programm".
In: Psychologie heute. (20) 1993 H. 2, 20ff.

Berne, E.:
Spiele der Erwachsenen.
Reinbek 1970.

Biermann, R.:
Interaktion im Unterricht.
Darmstadt 1978.

Biermann, R. und W. Wittenbruch (Hg.):
Soziale Erziehung.
Heidelberg 1986.

Birkenbihl, M.:
Kleines Arbeitshandbuch für Ausbilder und Dozenten.
München 1973.

Birnbacher, D. und N. Hoerster (Hg.):
Texte zur Ethik.
3. Aufl., München 1980.

Borgart, E.J.:
"Wirkfaktoren der rational-emotiven Therapie in Gruppen".
In: Gruppendynamik. (1986) H. 3, 287ff.

Bovet, G. und H. Frommer:
Grundkurs Psychologie.
Düsseldorf 1988.

Bramson, R.M.:
Schwierige Leute - und wie man am besten mit ihnen umgeht.
Aus d. Amerik. v. U.M. Richter, Reinbek 1990.

Brenner, H.:
Entspannungs-Training.
München 1982.

Brocher, T.:
Das unbekannte Ich.
Eine Einführung in die Psychologie des Alltags. Reinbek 1969.

Brocher, T.:
Gruppendynamik und Erwachsenenbildung.
Braunschweig 1971.

Bubolz, G.:
Arbeitshefte für Erziehungswissenschaft.
Normen und Ziele in der Erziehung. 2. überarb. u. erw. Aufl., Frankfurt/M. 1991.

Bundesanstalt für Arbeit (Hg.):
mach's richtig.
Informationen und Aufgaben zur Berufswahl. Nürnberg 1991.

Bündnis 90/Die Grünen (Hg.):
"Grundwerte".
In: ders.. Politische Grundsätze. Köln 1993, S.22-34. (nicht zu beziehen über den Buchhandel, sondern kostenlos bei den Partei-Geschäftsstellen)

Burns, D.:
Fühl' dich gut.
Stuttgart 1986.

Buzan, T.:
Kopftraining.
Anleitung zum kreativen Denken. Berlin 1984.

Cameron-Bandler, L.:
Wieder zusammenfinden.
NLP - neue Wege der Paartherapie. Paderborn 1983.

Cohn, R.C.:
Es geht ums Anteilnehmen ...
Perspektiven der Persönlichkeitsentfaltung in der Gesellschaft der Jahrtausendwende. Freiburg 1989.

Cohn, R.C.:
"Zur Grundlage des themenzentrierten interaktionellen Systems: Axiome, Postulate, Hilfsregeln".
In: dies.: Von der Psychoanalyse zur themenzentrierten Interaktion. Von der Behandlung einzelner zu einer Pädagogik für alle. 10. Aufl., Stuttgart 1991, 120ff. (1991a)

Cohn, R.C.:
"Lebendiges Lernen: Themenzentrierte Interaktion (TZI)".
In: dies.: Von der Psychoanalyse zur themenzentrierten Interaktion. Von der Behandlung einzelner zur einer Pädagogik für alle. 10. Aufl., Stuttgart 1991, 110ff. (1991b)

Cohn, R.C.:
Von der Psychoanalyse zur themenzentrierten Interaktion.
Von der Behandlung einzelner zu einer Pädagogik für alle. 10. Aufl. Stuttgart 1991. (1991c)

Corssen, J.:
Ab heute ändere ich mich.
Problemlösungen in Lebenskrisen. München 1989.

Diekstra, R.F.W.:
Ich kann denken/fühlen, was ich will.
Eine Anleitung zum Auflösen emotionaler Probleme durch rationale Selbst-Analyse. Lisse 1979.

Dilts, R. et al.:
Strukturen subjektiver Erfahrung.
Ihre Erforschung und Veränderung durch NLP. 2. Aufl., Paderborn 1987.

Eberlein, G.:
Ängste gesunder Kinder.
Praktische Hilfe bei Lernstörungen. Düsseldorf 1979.

Eberlein, G.:
Autogenes Training mit Jugendlichen.
Ziel, Sinn, Praxis. Düsseldorf 1985.

Eichmann, R. und U. Kliebisch:
"'Ehrfurcht vor dem Leben' - Ein Projekt zum Thema Umweltschutz."
In: U. Kliebisch und R. Eichmann: Vergiß das Fühlen nicht! Schulische Beratung in Theorie und Praxis. Bochum 1991, 113ff.

Ellis, A.:
Die rational-emotive Therapie.
Das innere Selbstgespräch bei seelischen Problemen und seine Veränderung. 2. Aufl., München 1978.

4. Literaturverzeichnis

Ellis, A.:
"The essence of RET".
In: Journal of Rational-Emotive Therapy. (2) 1984 H. 1, 19ff. (1984a)

Ellis, A.:
"Expanding the ABC's of RET".
In: Journal of Rational-Emotive Therapy. (2) 1984 H. 2, 20ff. (1984b)

Ellis, A.:
Wut - Die Kunst sich richtig zu ärgern.
München 1987.

Ellis, A.:
Training der Gefühle - Wie Sie sich hartnäckig weigern, unglücklich zu sein.
München 1989.

Fast, J.:
Körpersprache.
Reinbek 1984.

Fensterheim, H. und J. Baer:
Leben ohne Angst.
Unsicherheiten, Ängste, Phobien erkennen, verstehen und beherrschen. München 1987.

Fink, H.:
"Der Rhythmus der Aufmerksamkeit".
In: Psychologie heute. (19) 1992 H. 3, 58ff.

Fittkau, B./H.-M. Müller-Wolf/ F. Schulz v. Thun (Hg.):
Kommunikations- und Verhaltenstraining für Erziehung, Unterricht und Ausbildung.
2. Aufl., München 1977.

Florin, I. unter Mitarbeit v. G. Haag:
Entspannung - Desensibilisierung.
Leitfaden für die Praxis. Stuttgart u.a. 1978.

Freud, S.:
Neue Folge der Vorlesungen zur Einführung in die Psychoanalyse.
Frankfurt/M. 1980.

Fries, G.:
Wirksam helfen.
Eine Einführung in die psychosoziale Praxis. Weinheim/Basel 1985.

Fritz, J.:
Gruppendynamisches Training in der Schule.
Heidelberg 1975.

Frör, H.:
Spielend bei der Sache.
81 Spiele für Schulklassen, Konfirmandengruppen und Gemeindekreise. 8. Aufl., München 1978.

Frör, H.:
Spiel und Wechselspiel.
Kommunikationsspiele für Gruppen. Material und Methodik. 5. Aufl., München 1987.

Fromm, H. und W. Keim (Hg.):
Diskussion soziales Lernen.
Baltmannsweiler 1982.

Gawain, S.:
Stell dir vor.
Kreativ visualisieren. Reinbek 1989.

Gerhardt, G.:
Grundkurs Philosophie - Bd. 2: Ethik - Politik.
München 1992.

Gerhard, G. und B. Heller:
Grundkurs Philosophie - Bd. 3: Denken - Sprache - Wissenschaft.
München 1993.

Gordon, Th.:
Familienkonferenz.
Die Lösung von Konflikten zwischen Eltern und Kind. Reinbek 1980.

Gordon, Th.:
Lehrer-Schüler-Konferenz.
Wie man Konflikte in der Schule löst. Reinbek 1981.

Gordon, Th.:
Managerkonferenz.
Effektives Führungstraining. München 1989.

Gordon, Th.:
Die neue Familienkonferenz.
Kinder erziehen, ohne zu strafen. Hamburg 1993.

Grom, B.:
Methoden für Religionsunterricht, Jugendarbeit und Erwachsenenbildung.
Düsseldorf 1976.

Gruppenarbeit themenzentriert.
Entwicklungsgeschichte. Kritik und Methodenreflexion. Mainz 1987.

Gudjons, H.:
Spielbuch Interaktionserziehung.
185 Spiele und Übungen zum Gruppentraining in Schule, Jugendarbeit und Erwachsenenbildung. 4. erg. Aufl. v.: Praxis der Interaktionserziehung. Bad Heilbrunn 1990.

Habermas, J.:
"Vorbereitende Bemerkungen zu einer Theorie der kommunikativen Kompetenz".
In: Habermas, J. und N. Luhmann: Theorie der Gesellschaft oder Sozialtechnologie. Frankfurt/M. 1971, 101ff.

Hajek, E.:
Wie erreiche ich, daß mich meine Partner wirklich verstehen?
Erfolgreiche Kommunikation im Berufs- und Privatleben. Wien 1984.

Hasselhorn, M. in Verb. mit L. Reisch und K.-H. Lierler (Hg.):
Wirkungsvoller lernen und arbeiten.
6. Aufl., Heidelberg 1988.

Heller, K. und H. Nickel (Hg.):
Psychologie in der Erziehungswissenschaft. Ein Studienprogramm. Bd. 1: Verhalten und Lernen.
3. Aufl., Stuttgart 1980.

Holzberg, O. und C. Clasen-Holzberg:
Das große Brigitte-Buch der Psycho-Spiele.
München 1993.

Huberich P. und U. Huberich:
Spiele für die Gruppe.
Heidelberg 1979.

Jacobson, E.:
Progressive Relaxation.
Chicago 1938.

Kirst, W. und U. Diekmeyer:
Kreativitätstraining.
Die Technik kreativen Verhaltens und positiver Denkstrategien. Reinbek 1973.

Kirsten, R.E. und J. Müller-Schwarz:
Gruppen Training.
Ein Übungsbuch mit 59 Psycho-Spielen, Trainingsaufgaben und Tests. Reinbek 1982.

Kliebisch, U.:
Einführung in die Pädagogik der personalen Interaktion.
Theoretische Grundlegung und Möglichkeiten der praktischen Anwendung. Bochum 1981.

Kliebisch, U.:
"Beratungsgespräche".
In: ders. und R. Eichmann: Vergiß das Fühlen nicht! Schulische Beratung in Theorie und Praxis. Bochum 1991, 9ff. (1991a)

Kliebisch, U.:
"Kommunikationstraining für Lehrer. Ein Projekt zum Thema Feed-back".
In: ders. u. R. Eichmann: Vergiß das Fühlen nicht! Schulische Beratung in Theorie und Praxis. Bochum 1991, 71ff. (1991b)

4. Literaturverzeichnis

Kliebisch, U.:
Das Anti-Streß-Programm.
Ein Trainingsbuch zur psychologischen Selbst-Hilfe. Ganzheitliches Lehren und Lernen, Bd. 2. Essen 1995.

Kliebisch, U. und J. Wach:
AIDS-Prophylaxe im pädagogischen Alltag - Ein Projekt für Schülerinnen und Schüler einer Jahrgangsstufe 10.
In: Kliebisch, U. (Hg.): AIDS, Ein Konzept mit Materialien für den Projektunterricht. Bochum 1994, 51ff.

Kliebisch, U. et al.:
AIDS - Ein Konzept mit Materialien für den Projektunterricht.
Bochum 1994.

Kliebisch, U. und R. Eichmann:
Vergiß das Fühlen nicht!
Schulische Beratung in Theorie und Praxis. Bochum 1991.

Knaus, W.J.:
Rational-emotive Erziehung.
Ein Leitfaden für Lehrer zur Anwendung im Schulunterricht. Köln 1983.

Kohl, H.:
"Wertorientierung in der Politik".
In: Göhner, R. (Hg.): Politik für die Zukunft - Die CDU an der Schwelle zum 21. Jahrhundert.
München 1993, S.11-17.

Kruse, P., B. Pavlekovic u. K. Haak:
Autogenes Training.
Der Weg zum Wohlbefinden.
Niedernhausen 1992.

Lange, W.H., L. Schwäbisch u. M. Siems:
"Tutorentraining".
In: Fittkau,B., H.-M. Müller-Wolf u. F. Schulz v. Thun (Hg.): Kommunikations- und Verhaltenstraining für Erziehung, Unterricht und Ausbildung.
2. Aufl., München 1977, 130ff.

Lauster, P.:
Sensis. Sich selbst und andere besser kennenlernen.
Ein psychologisches Gesellschaftsspiel.
Düsseldorf 1986.

Lauster, P.:
Menschenkenntnis.
Körpersprache, Mimik und Verhalten.
2. Aufl., Düsseldorf 1988.

Lauster, P.:
Selbstbewußtsein kann man lernen!
Programm für Selbstsicherheit und Selbstvertrauen.
7. Aufl., München 1989.

Laver, M.:
Jeder gegen jeden.
Gesellschaftsspiele, um große Politik zu lernen. Hinterlistig! Klug! Bösartig! Realistisch! Köln 1986.

Lazarus, A. und A. Fay:
Ich kann, wenn ich will.
Anleitung zur psychologischen Selbsthilfe. München 1985.

Lehmann, J. (Hg.):
Simulations- und Planspiele in der Schule.
Bad Heilbrunn 1977.

Lewis, H.R. und H.S. Streitfeld:
Spiele, die glücklich machen.
Intensiver leben durch Psychotraining.
Bergisch-Gladbach 1977.

Linneweh, K.:
Streß und Streßbewältigung.
Der erfolgreiche Umgang mit sich selbst. 2. Aufl., Stuttgart 1988.

Lotz, N.W.:
Die Rationale Selbstanalyse - RSA - Ein Faltblatt zur erfolgreichen Selbstveränderung.
Eschborn 1991.

Luthe, H.O. und H. Meulemann (Hg.):
Wertwandel - Faktum oder Fiktion?
Frankfurt, New York 1988.

Maag, G.:
Gesellschaftliche Werte - Strukturen, Stabilität, Funktion.
(Diss.) Opladen 1991.

Mohl, A.:
Der Zauberlehrling.
Das NLP Lern- und Übungsbuch.
Paderborn 1993.

Molcho, S.:
Körpersprache.
München 1983.

Molcho, S.:
Körpersprache als Dialog.
Ganzheitliche Kommunikation in Beruf und Alltag. München 1988.

Molcho, S.:
Partnerschaft und Körpersprache.
München 1990.

Müller, E.:
Phantasie und Märchenreisen.
Autogenes Training in Vorlesegeschichten. Geschichten zum Entspannen, Erholen und Träumen.
Frankfurt/M. 1983.

Müller, E.:
Hilfe gegen Schulstreß.
Übungsanleitung zu Autogenem Training, Atemgymnastik und Meditation für Kinder und Jugendliche. Reinbek 1984.

Müller, E.:
Bewußter leben durch Autogenes Training und richtiges Atmen.
Übungsanleitungen zu Autogenem Training und Atemtraining; meditative Übungen durch gelenkte Phantasien.
Reinbek 1988.

Müller, E.:
Auf der Silberstraße des Mondes.
Autogenes Training mit Märchen zum Entspannen und Träumen.
Frankfurt/M. 1989.

Neubauer, W.:
"Analyse interpersonaler Konflikte".
In: Neubauer, W. F., H. Gampe und R. Knapp: Konflikte in der Schule - Möglichkeiten und Grenzen kooperativer Entscheidungsfindung.
3. überarb. u. erg. Aufl.,
Neuwied 1988, 4ff. (1988a)

Neubauer, W.:
"Ein Prozeßmodell der kooperativen Entscheidungsfindung".
In: Neubauer, W.F., H. Gampe und R. Knapp: Konflikte in der Schule - Möglichkeiten und Grenzen kooperativer Entscheidungsfindung.
3. überarb. u. erg. Aufl.,
Neuwied 1988, 31ff. (1988b)

Neubauer, W.F., H. Gampe und R. Knapp:
Konflikte in der Schule.
Möglichkeiten und Grenzen kooperativer Entscheidungsfindung.
3. überarb. u. erg. Aufl.,
Neuwied 1988.

Nuber, U.:
"Das Ende des Ich-Kults?"
In: Psychologie heute. (20)
1993 H. 6, 20ff.

Oelmüller, W. (Hg.):
Transzendentalphilosophische Normenbegründung.
Paderborn 1978.

Oelmüller, W., R. Dölle und R. Piepmeier:
Philosophische Arbeitsbücher - Bd. 2 Diskurs: Sittliche Lebensformen.
2. Aufl., Paderborn 1980.

Orlick, T.:
Kooperative Spiele.
Weinheim 1982.

4. Literaturverzeichnis

Ott, E.:
Das Konzentrationsprogramm.
Konzentrationsschwäche überwinden - Denkvermögen steigern.
Reinbek 1981.

Pacher, W.:
So macht Zusammenleben Freude.
Spielregeln und Übungen nach Gordons Familienkonferenz.
Freiburg 1988.

Postman, N.:
Keine Götter mehr - Das Ende der Erziehung.
Aus dem Englischen von Angelika Friedrich. Berlin 1995.

Rademacher, H. und M. Wilhelm:
Spiele zum interkulturellen Lernen.
Köln 1987.

Ramme, J. und H. Riese:
Spiele für viele.
Braunschweig 1981.

Richardson, J.:
Erfolgreich kommunizieren.
Eine praktische Einführung in die Arbeitsweise von NLP. München 1992.

Savater, F.:
Tu was Du willst - Ethik für die Erwachsenen von morgen.
Aus dem Spanischen von Wilfried Hof. Frankfurt, New York 1993.

Scheerer, H.:
Wie Sie mit sich selbst und anderen besser zurechtkommen.
München 1982.

Scheerer, H.:
Wie Sie durch Ihr Sprechen gewinnen.
2. Aufl., München 1987.

Scheflen, A.E.:
Körpersprache und soziale Ordnung.
Stuttgart 1990.

Schelp, Th. et al.:
Rational-Emotive Therapie als Gruppentraining gegen Streß.
Seminarkonzepte und Materialien.
Bern/Stuttgart/Toronto 1990.

Scherer, K.:
Konflikte bewältigen.
Neuhausen 1990.

Scherer, K.:
Mit Streß leben.
Der Weg zum inneren Gleichgewicht.
5. Aufl., Neuhausen 1991.

Schulz von Thun, F.:
Miteinander Reden 1 - Störungen und Klärungen.
Allgemeine Psychologie der Kommunikation. Reinbek 1989. (1989a)

Schulz von Thun, F.:
Miteinander Reden 2 - Stile, Werte und Persönlichkeitsentwicklung.
Differenzielle Psychologie der Kommunikation. Reinbek 1989. (1989b)

Schulz von Thun, F. und B. Fittkau:
"Trainingsziele für das Lehrerverhalten".
In: Fittkau, B., H.-M. Müller-Wolf und F. Schulz v. Thun (Hg.): Kommunikations- und Verhaltenstraining für Erziehung, Unterricht und Ausbildung.
2. Aufl., München 1977, 56ff.

Schwartz; D.:
RE-Therapie.
So wird man sein eigener Psychologe.
Landsberg 1981.

Schwartz, D.:
Gefühle erkennen und positiv beeinflussen.
Landsberg 1987.

Sharan, S. und Y.:
Gruppenzentrierter Unterricht.
Kleingruppe, Lernecke, Plan- und Rollenspiel. Stuttgart 1976.

SPD - Grundwertekommission beim Parteivorstand (Hg.):
Ermutigung zur Politik - Gesellschaft in der Krise.
o.J. und o.O. (nicht im Buchhandel erhältlich, sondern neben zahlreichen weiteren Schriften der Grundwertekommission kostenlos über die Partei-Geschäftsstellen zu beziehen)

Stanford, G.:
Gruppenentwicklung im Klassenraum und anderswo.
Braunschweig 1980.

Stollberg, D.:
Lernen, weil es Freude macht.
Eine Einführung in die themenzentrierte Interaktion. Mit einem Beitrag v. D. Freudenreich.
2. korrig. Aufl., München 1990.

Tannen, D.:
Das hab' ich nicht gesagt!
Kommunikationsprobleme im Alltag.
Hamburg 1992.

Tarr-Krüger, I.:
Lampenfieber.
Ursachen - Wirkung - Therapie.
Stuttgart 1993.

Tausch, R. und A.-M. Tausch:
Erziehungspsychologie - Erziehung von Person zu Person.
9. Aufl., Göttingen 1979.

Tausch, R. und A.-M. Tausch:
Wege zu uns und anderen.
Menschen suchen sich selbst zu verstehen und anderen offener zu begegnen. Reinbek 1989.

Uttendorfer-Marek, I.:
"Wahrnehmen und Verstehen ohne zu interpretieren. Aufgabenbeschreibung für die Gruppenarbeit".
In: Wagner, A.C. et al.: Unterrichtspsychogramme. Was in den Köpfen von Lehrern und Schülern vorgeht.
Reinbek 1981, 386ff.

Vester, F.:
Denken, Lernen, Vergessen.
Was geht in unserem Kopf vor, wie lernt das Gehirn, und wann läßt es uns im Stich?
6. Aufl., München 1980. (1980a)

Vester, F.:
Phänomen Streß.
Wo liegt sein Ursprung, warum ist er lebenswichtig, wodurch ist er entartet?
2. Aufl., München 1980. (1980b)

Vester, F.:
Neuland des Denkens: Vom technokratischen zum kybernetischen Zeitalter.
2. Aufl., München 1984.

Vester, F.:
Unsere Welt - ein vernetztes System.
2. Aufl., München 1985.

Vopel, K.W.:
Anwärmspiele.
2. Aufl., Hamburg 1984. (1984a)

Vopel, K.W.:
Handbuch für Gruppenleiter.
Hamburg 1988.

Vopel, K.W.:
Interaktionsspiele.
Teil 1. 5. Aufl., Hamburg 1986.(1986a)

Vopel, K.W.:
Interaktionsspiele.
Teil 2. 6. Aufl., Hamburg 1989.(1989a)

Vopel, K.W.:
Interaktionsspiele.
Teil 3. 5. Aufl., Hamburg 1984.(1984b)

Vopel, K.W.:
Interaktionsspiele.
Teil 4. 4. Aufl., Hamburg 1990.

4. Literaturverzeichnis

Vopel, K.W.:
Interaktionsspiele.
Teil 5. 3. Aufl., Hamburg 1984. (1984c)

Vopel, K.W.:
Interaktionsspiele.
Teil 6. 3. Aufl., Hamburg 1984.(1984d)

Vopel, K.W.:
Interaktionsspiele für Jugendliche.
Teil 1 - Affektives Lernen für 12- bis 21jährige. 3. Aufl., Hamburg 1989. (1989b)

Vopel, K.W.:
Interaktionsspiele für Jugendliche.
Teil 4 - Affektives Lernen für 12- bis 21jährige. 3. Aufl., Hamburg 1986. (1986c)

Vopel, K.W.:
Kinder ohne Streß.
5 Bde.2.Aufl.,Hamburg1991.(1991a)

Vopel, K.W.:
Kommunikationsregeln in Gruppen.
Materialien für Gruppenleiter. Hamburg 1979.

Vopel, K.W.:
Selbstakzeptierung und Selbstverantwortung.
Interaktionsspiele zur Persönlichkeitsentwicklung. 3 Bde. 4. Aufl., Hamburg 1991. (1991b)

Vopel, K.W.:
Umgang mit Konflikten.
Materialien für Gruppenleiter. Hamburg 1983.

Vopel, K.W. und R.E. Kirsten:
Kommunikation und Kooperation.
München 1974.

Wagner, A.C.:
"Nachträgliches Lautes Denken als Methode der Selbsterfahrung. Was kann ich als Lehrerin oder Lehrer damit anfangen?"
In: dies. (Hg.): Unterrichtspsychogramme. Was in den Köpfen von Lehrern und Schülern vorgeht. Reinbek 1981, 341ff.

Wagner, A.C. (Hg.):
Unterrichtspsychogramme.
Was in den Köpfen von Lehrern und Schülern vorgeht. Reinbek 1981.

Warns, E.:
Die spielende Klasse.
München 1975.

Warns, S. und H.H. Müller-Wolf:
"Kooperative Konferenzen - ein Modell zur Verbesserung von Kommunikation und Kooperation bei Gruppen mit unbegrenzter Teilnehmerzahl".
In: Fittkau, B., H.-H. Müller-Wolf und F. Schulz v. Thun (Hg.): Kommunikations- und Verhaltenstraining für Erziehung, Unterricht und Ausbildung. 2. überarb. u. erg. Aufl., München 1977, 154ff.

Watzlawick, P., J.H. Beavin und D.D. Jackson:
Menschliche Kommunikation.
Formen, Störungen, Paradoxien. 8. Aufl., Bern 1990.

Watzlawick, P., J.H. Weakland und R. Fisch:
Lösungen: Zur Theorie und Praxis menschlichen Wandels.
Bern 1974.

Weber, A. (Hg.):
Kooperatives Lehren und Lernen in der Schule.
Heinsberg 1986

Weinmann, W.:
Kinder regeln Konflikte.
Freising 1973.

Weiß, J. unt. Mitarbeit v. I. Kirchner:
Selbst-Coaching.
Persönliche Power und Kompetenz gewinnen. 2. Aufl., Paderborn 1991.

Wiesenhütter, J. (Bearb.):
Streß und Streßbewältigung.
3 Bde. Trier 1991.

Zöller, W.W.:
Gemeinsam lernen.
Die Beschreibung eines Versuchs, Unterricht in der Praxis zu verändern. München 1979.

Stand: September 1995

Gemeinsam leben lernen!

Ich lebe viel!
Materialien zur Suchtprävention
Eva Bilstein, Annette Voigt
Ab Kl. 7, 86 S., A4, Papph.
35,- DM/259,- öS/36,20 sFr

Die Skelette und Horrorbilder der "Drogenkunde" gehen am Kern des Problems "Sucht" vorbei. Drogensucht kommt nicht von Drogen, sondern von betäubten Träumen, verdrängten Sehnsüchten, verschluckten Tränen, eingefrorenen Gefühlen. Deswegen geht es in dieser Mappe weniger um Suchtstoffe als um ganze Personen mit all ihren Träumen, Schwächen und Stärken. Dazu gibt es Texte, Übungen, Lebensgeschichten, Interviews, Plakate, Gedichte und Bilder, die helfen sollen, sich ein wenig klarer zu werden über Ideale, Lebensziele und Wege dorthin. Viel und intensiv leben könnte ja auch ohne Drogen möglich sein, oder?

Konflikte selber lösen
Das Streit-Schlichter-Programm
K. Faller, W. Kerntke, M. Wackmann
Ab 10 J., ca. 150 S., A4, Pb.
ca. **35,- DM**/259,- öS/36,20 sFr
(Erscheint Dezember 1995)

Gewalt ist für viele Kinder und Jugendliche die nächstliegende und effektivste Möglichkeit, Konflikte zu lösen. Dies tun sie oft nicht aus Lust an Streit und Gewalt, sondern weil sie keine anderen Möglichkeiten kennen, mit Konflikten umzugehen.
Natürlich gibt es aber viele unterschiedliche Formen konstruktiver Konfliktaustragung.
Das Streit-Schlichter-Programm ist ein Ansatz, der für Konfliktregelungen in der Schule besonders geeignet ist. SchlichterInnen sind andere SchülerInnen, die den Konfliktparteien hinsichtlich Alter, Geschlecht und Ethnizität nahestehen.
Die Projektmappe enthält ein Ausbildungsprogramm für diese SchülerInnen, insbesondere für KlassensprecherInnen und SchülervertreterInnen, in dem ihnen Grundregeln der Mediation und konstruktiver Konfliktaustragung vermittelt werden. Die Mappe bietet für die Installation des Streit-Schlichter-Programms nicht nur die Grundüberlegungen, sondern auch Organisationshilfen, das Curriculum und viele Beispiele für Spiele und Übungen.

Abenteuer Partnerschaft
Überarbeitete Neuausgabe
I. Roth, P. Brokemper, B. Patczowsky
Ab Kl. 7, 99 S., A4, Papph.
34,- DM/252,- öS/35,20 sFr

Materialien zum Thema Sexualität, Liebe und Partnerschaft. Viele Anregungen für Diskussionen, Rollenspiele, Spiele und Projekte.
Dazu Basisinformationen über Sexualbiologie, Sprache und Sexualität, Zuneigung, Zärtlichkeit, Liebe, Geschlechterrollen; Gewalt gegen Frauen; sexueller Mißbrauch; Werbung; Gefühle erkennen und achten; Aids.

Wilde Zeit: Von Teddyboys zu Technokids
Ein Arbeitsbuch zur Jugendkultur von den 50er Jahren bis heute
K. Poell, W. Tietze, E. Toubartz
Ab 13 J., ca. 164 S., A4, Pb.
ca. **42,- DM**/311,- öS/43,30 sFr
(Erscheint Oktober 1995)

Lieber 'n Punk im Schrank als 'n Ted im Bett? Gerade heute, wo die Moden und Strömungen vergangener Jahrzehnte wahllos geplündert werden, lohnt sich ein Blick auf die Ursprünge der Jugendrebellion: Wer waren die Halbstarken? Wogegen protestierten die 68er? Was bestimmte das Lebensgefühl der ersten Punks? Schon immer schaffen sich Jugendliche eigene Identitäten, um sich von den Erwachsenen abzugrenzen, sprießen neue Lebensformen aus der Weigerung, Vorgelebtes nachzuleben.
Das Arbeitsbuch "Wilde Zeit: Von Teddyboys zu Technokids" ist so vielseitig wie der jugendliche Alltag selbst: Zeitungsausschnitte, Interviews mit Zeitzeugen, Singlecover, Konzert- und Filmplakate oder Fotos aus Privatarchiven hauchen auch vergilbten Zeiten wieder rebellisches Leben ein. Über Arbeits- und Projektvorschläge lernen die Jugendlichen von ihren (ehemaligen) Altersgenossen - denn die Probleme mit Sex, Drogen, Clique, Elternhaus und Schule bleiben.

Aus Erfahrung lernen - Mit Erfahrung spielen
Handeln erkunden in Gruppen
W.-D. Zimmermann, D. Zeppenfeld, T. Krämer
Ab 12 J., 71 S., A4, Papph.
28,- DM/207,- öS/29,30 sFr

Rollenspielvorschläge zu Alltagskonflikten in Schule und Elternhaus, aus der Praxis entwickelt, direkt in der Praxis einsetzbar. Neue Spielideen und eine systematische Anleitung zum Einsatz von Rollenspielen, die speziell für "Anfänger" wissenswerte Anregungen enthält. Schwerpunkte:
Einstiegsübungen und Anfangsspiele, Entscheidungsprozesse, Konflikte zwischen Jungen und Mädchen, Gruppe und Außenseiter, Konflikte zwischen Gruppen. Dazu Beobachtungshilfen und Literaturhinweise.

Eingegrenzt und grenzenlos
Projektideen und Materialien zum Thema "Grenzen"
Jürgen Adam
Ab 13 J., ca. 80 S., A4, Papph.
ca. **35,- DM**/259,- öS/36,20 sFr
(Erscheint Januar 1996)

Grenzen engen ein, Grenzen muß man überschreiten ...
Doch wie weit dürfen Grenzverletzungen gehen (z.B. in der Werbung, in persönlichen Auseinandersetzungen, in politischen Konflikten)? Denn Grenzen schützen auch: Schmerzgrenzen, Leistungsgrenzen, Grenzen des Wachstums etc.
Jugendliche erleben Grenzen als Barrieren, aber auch als Orte der Selbsterprobung: Grenzbereiche und Extremsituationen üben eine magische Wirkung auf Heranwachsende aus. Doch es gilt auch, (fremde) Grenzen zu akzeptieren und (eigene) Grenzen setzen zu lernen: Nur wer Grenzen setzt, kann Nähe zulassen.
Die Arbeitsmappe bietet vielfältige Anregungen sowie umfangreiches Text- und Bildmaterial zu Themenbereichen wie z.B. politische Grenzen, Leistungsgrenzen, Grenzsituationen, Grenzüberschreitungen, ökologische und ökonomische Grenzen, Ausgrenzung, ethische Grenzen u.v.a.
Ein Projekt für Grenzgänger, das Fächergrenzen sprengt.

Sie können diese Seiten kopieren und als Bestellcoupon verwenden. Dies ist nur ein kleiner Auszug aus unserem Programm. Wir senden Ihnen gerne den kostenlosen aktuellen Katalog.

Verlag an der Ruhr

Postfach 10 22 51, D-45422 Mülheim an der Ruhr
Alexanderstraße 54, D-45472 Mülheim an der Ruhr
Tel.: 0208 / 49 50 40, Fax: 0208 / 495 0 495

Für Bestellungen in Österreich bzw. der Schweiz:
Herder & Co., Viktor Kaplan Str. 9, A-2201 Gerasdorf
Informationsstelle Schulbuch, Postfach, CH-5001 Aarau

❑ Bitte senden Sie mir Ihren Katalog.
❑ Hiermit bestelle ich die angekreuzten Titel.

Name

Anschrift

PLZ Ort

Datum Unterschrift

Koop. + Wert., 08.95.